Bangkok Bob

Heiße Girls & Schwüle Nächte

AF223101

Buch

Bangkok Bob möchte Sie mitnehmen auf eine faszinierende Reise in das Land des Lächelns. Fremdartige Gerüche, Verkehrschaos, brodelnde Garküchen, leichte Mädchen, Go-Go-Bars und Massagesalons bestimmen das Bild der Millionenmetropole Bangkok. Streifen Sie mit BB durch den nächtlichen Stadtdschungel und besuchen Sie die berüchtigten Amüsiermeilen Soi Cowboy und Nana Plaza. Begleiten Sie ihn in das sündige Seebad Pattaya und treffen Sie junge hübsche Mädchen in knappen sexy Outfits, die alle nur das Eine wollen. Ob Walkingstreet, Diamond Arcade, Soi 8 oder Lucifer Discothek., sie können die knisternde Erotik und den prickelnden Sex fast hautnah spüren und miterleben. Fliegen Sie weiter auf die Tropeninsel Ko Samui, um die Seele baumeln zu lassen, bevor es mit zwei heißen jungen Girls heftig zur Sache geht.

Bangkok Bob hat es sich zum Ziel gesetzt, dass Sie Spaß haben, und Ihren Urlaub in vollen Zügen genießen können. Mit nützlichen Tipps will er Ihnen zur Seite stehen, damit das Männerabenteuer Thailand kein Reinfall wird. Ein Lexikon für Thailandneulinge befindet sich am Ende des Buches.

Informationen und Leseproben weiterer Bücher der Edition Thailandromane finden Sie unter:

www.3monate-thailand.de

Bangkok Bob
Heiße Girls & Schwüle Nächte

Edition Thailandromane
Autorenhomepage: www.3monate-thailand.de

Bibliografische Information der Deutschen Nationalbibliothek:
Die deutsche Nationalbibliothek verzeichnet diese Publikation in
der Deutschen Nationalbibliografie; detaillierte bibliografische
Daten sind im Internet über http:// dnb.d-nb.de abrufbar.

2009 by Bangkok Bob
Herstellung und Verlag: Books on Demand GmbH, Norderstedt

ISBN: 9783837092615

Inhaltsverzeichnis

Ein feuchter Traum!

Ich träume von leidenschaftlichen wilden Siamkatzen, mit zarten, grazilen Körpern, die mich einfühlsam nach allen Regeln der Kunst verwöhnen. Anschmiegsame Liebesgöttinnen, die noch die Fähigkeit besitzen ein Gefühl der Wärme und Geborgenheit zu vermitteln, was man von ihren europäischen Kolleginnen nicht unbedingt behaupten kann. Die asiatischen Mädchen haben etwas Magisches, etwas Besonderes an sich, das sie unwahrscheinlich anziehend macht. Ich kann es nicht beschreiben, und so ziehen im Tiefschlaf die ausschweifendsten und sündigsten Bilder an mir vorüber: Ein dunkelhäutiges Mädchen, mit langen seidig schwarzen Haaren, das nackt wie Gott sie schuf, auf mir sitzt und sich rhythmisch, im einvernehmlichen Takt unseres wilden Liebesspiel bewegt. Ihre für Asiatinnen erstaunlich großen und wohlgeformten Brüste wippen synchron im Einklang unserer schweißnassen Körper und berühren meine Brust. Eine zweite Schönheit liegt rechts neben mir, und ihre vollen Lippen liebkosen hingabevoll meinen empfindlichen Hals, während sie neugierig meine Reaktionen, und ihre, auf mir reitende Freundin beobachtet. Die Beiden sind ein eingespieltes Team und ohne mein Zutun, findet ein fliegender Partnerwechsel statt, und das zuvor aktive Mädchen schlüpft in die eher passive Rolle und gönnt ihrer hellhäutigen, langbeinigen Freundin den wilden Ritt, überlässt ihr den schweißtreibenden Spaß, mich völlig fertig zu machen, was ihr auch mühelos gelingt.

Dann wache ich schlagartig auf, und resigniert muss ich feststellen, dass alles nur ein süßer erotischer Streich meiner blühenden Fantasie gewesen ist. Da in Thailand Fantasien aber sehr rasch zur Realität werden können, sollte ich mir heute ein paar ernsthafte Gedanken machen, wie ich schnellstmöglich wieder in das verheißungsvolle Land, das absolute Paradies für Männer komme. Noch bin ich leider nicht dort aber mir kommt da so eine Idee und ein entspanntes Lächeln huscht über mein Gesicht.

Es weihnachtet schon sehr!

Weihnachten 2008! Stress, Hektik, Menschenmassen! Verdammter Mist, ich bin immer noch hier! Verstopfte Innenstädte, Konsumzwang! Ich hasse die dunkle Jahreszeit, und das christliche Fest wird mir immer unsympathischer. Ich schlage die Zeitung auf, und eine fett gedruckte Überschrift springt mir förmlich in das Auge: „Geduld heißt das Zauberwort!"

Ich überfliege den Artikel und kann nicht glauben, was ich da lesen muss. Die Tourismusgesellschaft einer norddeutschen Kleinstadt möchte shoppingmüden Männern wieder Spaß am Einkaufen und Tütenschleppen vermitteln. Dafür gibt es einen Motivationstrainer, der die Männer mental stärkt, damit sie den Shopping Marathon auch durchstehen können, und natürlich gibt es ihn auch deshalb, weil so die Kassen der Geschäfte kräftiger klingeln. Der Einkaufscoach rät so sinnvolle Sachen wie: „Ruhe bewahren, Volle Taschen einfach zum Auto bringen!"

Ein 30jähriger wird vorgestellt, der sich zur Teilnahme an dem Tageskurs mehr oder weniger freiwillig entschlossen hat! Wo lebe ich eigentlich? Ist das eine Zeitungsente? Bis April dauert es ja noch ein bisschen! Was ist mit den Männern in Europa bloß los? Mann oder Maus? Was ist denn nun mit dem starken Geschlecht? Nur noch ein unmündiges Anhängsel? Also ich möchte keine Maus sein und werde diesen

Weihnachtszirkus bestimmt nicht mitmachen, denn in meinem Kopf reift ein ungewöhnlicher Plan! Vielleicht werde ich mir ein großes Wohnmobil kaufen und nur noch in den Sommermonaten arbeiten, damit ich die tristen, deprimierenden Wintermonate im sonnigen Thailand verbringen kann Das klingt verrückt? Es ist verrückt! Die Arbeit in einem Freizeitpark würde sich anbieten, und leben werde ich in einem Fahrzeug oder Wohnwagen! Das klingt nach Einschränkung und Entbehrungen? Ja! Aber das wäre mir die Anstrengung wert, um die restliche Zeit frei und ungebunden im Land des Lächelns leben zu können und mal ganz ehrlich, was ist denn schon normal? Wie lautet die Definition für Normal? Ist man dies, wenn man einer Norm entspricht, sich der Gesellschaft zu 100% anpasst und zu allem Ja und Amen sagt. Und falls nicht, ist man dann geisteskrank? Fragen über Fragen, die sich da auftun!

Nun ja, sobald ich mehr darüber weiß, sage ich Ihnen Bescheid!

Freizeitpark Adieu!

Den ganzen Winter über, habe ich Bewerbungen an diverse Freizeitparks geschrieben und bis zuletzt gehofft, dass es mit einer Einstellung klappt. Es sollte nicht sein, vielleicht bin ich überqualifiziert, ich weiß es nicht, und damit hat sich mein Plan erst einmal zerschlagen! Ich bin frustriert und leere eine ganze Flasche Rotwein, plus minus einem halben Kasten Bier. Alkoholgeschwängert liege ich auf meinem durchgelegenen Sofa und über die Mattscheibe flimmern kranke Fernsehserien, in denen übergewichtige Menschen zur Schau gestellt werden, die in einem Wettbewerb möglichst viele Kilos verlieren sollen, aber in Wirklichkeit natürlich nur die voyeuristischen Begierden der sensationslüsternen Fernsehzuschauer stillen. Das ist schon deprimierend macht aber meine Situation auch nicht besser, als zuvor. Ich muss mich zusammenreißen und darf nicht so enden wie meine Vorbilder Hemingway und Charles Bukowski. Man darf den Mut nicht zu schnell verlieren! Eine neue Strategie muss her! Ein neuer kurzfristiger Lebensplan! Ich mache es wie die Thais, nehme das Leben wie es kommt, habe Spaß, und plane nicht zu weit im voraus. Ob ich überhaupt noch Rente bekommen werde, bzw. ob ich die Auszahlung überhaupt noch erleben werde ist sowieso fraglich! Man muss nicht tun, was alle machen und in das allgemeine Gejammer mit einstimmen, das in Deutschland so vorherrscht. Und damit meine ich den berühmt, berüchtigten Lemminge Effekt!

Mitte Mai ist es dann endlich wieder soweit! Ich habe meinen Flug gebucht! Mein Kumpel wollte leider nicht mitkommen, und alle meine Überredungskünste sind gescheitert. Muss ich wohl alleine in den Flieger, ist aber auch nicht schlimm. Nette Leute und Mädchen trifft man dort ja immer. Mit der Fluggesellschaft Emirates nach Bangkok, für sensationelle 370 Euro! Einen Haken gibt es noch, ich muss mal wieder in Dubai zehn Stunden auf meinen Anschlussflug warten. Darauf geschissen! Wer etwas erleben will muss leiden! Anfang Juni geht es los! Es ist zwar nur ein Urlaub, kein mehrmonatiger Aufenthalt aber knapp drei Wochen, konnte ich immerhin herausschlagen. Tja, und wie ich aus zuverlässiger Quelle gehört habe ist nun Regenzeit in Bangkok und es soll von morgens bis abends wie aus Kübeln schütten. Egal, man kann sich ja auch noch anderweitig lustvoll vergnügen! Ich grinse zufrieden und freue mich wie ein Schneekönig! Und das mitten im beginnenden Sommer!

Hurra, es geht los!

Verdammt! Ich hätte noch eine Videokamera kaufen sollen, um meine Abenteuer besser dokumentieren zu können, aber na ja, vielleicht kaufe ich mir eine in Bangkok. Ist ja das Einkaufsparadies schlechthin dort.

Ich hetze zum Bahnhof meiner norddeutschen Klein-stadt und ärgere mich, dass ich bei der Emirates Online Buchung das Rail und Fly Ticket vergessen habe. Es sind zwar nur knapp 60 Kilometer bis Hamburg Airport, das Geld hätte ich mir aber sicher sparen, und dafür in Thailand schon zwei köstliche Mahlzeiten genießen können. Ich bin sowieso mal wieder sehr knapp bei Kasse aber irgendwie wird das schon alles funktionieren. Bisher hat es ja auch immer geklappt. Mit dem völlig überfüllten Metronom Zug, rattere ich nach Hamburg und habe nur einen Steh-platz ergattern können, was zugegebenermaßen ganz schön nervig ist. In Hamburg am Hauptbahnhof, steige ich dann in die S1 in Richtung Airport um. Nur die ersten drei Wagen fahren zum Flughafen, nur dummerweise sitzt meine Wenigkeit natürlich nicht im vorderen Zugbereich. Na ja, das war nicht anders zu erwarten, und die Lösung dieses kleinen Malheurs heißt logischerweise <<Umsteigen>>, was ich an der nächsten Haltestelle auch sogleich in die Tat umsetze. Wie ein Wahnsinniger hetze ich aus meinem Waggon und sprinte zum vorderen Triebwagen. Schon leicht geschlaucht, komme ich schließlich am Airport Terminal 1 an. Zu meiner großen Überraschung geht jedoch das Einchecken am Emirates Schalter erstaunlich schnell und problemlos von der Hand. Ich erhalte mein Ticket und bin das sperrige Gepäck erst mal los.

Die Zeit bis zum Abflug verbringe ich mit Lesen. Charles Bukowski, der alte Säufer und Schriftsteller hat es mir angetan, und ich ziehe mir sein berühmtes Werk „Hollywood" rein. So haben meine Gehirnzellen etwas zu tun und werden nicht schon wieder durch das Nervengift Alkohol betäubt. Dann ist es schon soweit – Handgepäckkontrolle – und ab geht es zu Gate 5. Dort kann ich durch die großzügig verglasten Fronten die Boeing 777-300 der Fluggesellschaft Emirates bewundern, mit der ich in Kürze gen Dubai schweben werde.

Dann ist es auch schon wieder soweit. First und Bussiness Class werden bevorzugt behandelt und als erste aufgerufen. Danach darf sich die beindruckende Masse der Holzklasse Passagiere zum Einstieg bereit machen. Mein Platz befindet sich dieses Mal im Heckbereich der Maschine und bietet eine erstaunlich große Beinfreiheit. Zudem habe ich kürzlich erst gelesen, dass Passagiere im hinteren Bereich eines Flugzeuges größere Überlebenschancen hätten, falls es zum, hoffentlich nicht eintretenden Supergau kommen sollte, und das Fluggerät eine Bruchlandung hinlegt. Die Wahrscheinlichkeit diese zu überleben, ist im Heck der Maschine um ein paar Prozent höher, haben schlaue Personen herausgefunden, die Flugzeugunglücke untersuchen. Doch mit derart negativem Gedankenmüll, möchte ich mich nicht länger belasten und mache es mir gemütlich, so gut es eben geht, denn wir befinden uns schon in der Startphase und rumpeln mit einem Affenzahn über die Rollbahn.

Alles könnte nun so wunderbar sein, würde nicht plötzlich wieder so ein ADS, Quitsch und Quengel Kind, das sich fatalerweise nur eine Reihe vor mir befindet, mit ohrenbetäubendem Getöse, sirenenartig losflennen. Gibt es da keinen Abstellknopf? Muss das sein, dass solche Nervensägen mitfliegen? Egal, ich studiere mein Entertainment Center, nehme meine Kopfhörer, und haue mir <<Radiohead>>, <<Guns and Roses>>, und <<Coldplay>> um die Ohren. Dann wechsle ich zu absolut geiler Funk Scheiße, super schnell und kochend heiß: <<Hang up your Hang Ups>>, der Bass wummert ohne Ende, ...ahh.....uhhh....... ich verbrenne.....wie genial! Was ist das! Wie heißt der Interpret? Herbie Hancock?? Der damals die LP <<Futureschock>> mit dem Hit <<Rockit>> herausbrachte? Ach ja? Lebt der noch?

Ich spüre wie das Blut durch meine Adern pulsiert, wie sich mein Herzschlag steigert, und wie meine Lebensfreude zurückkehrt, die ich in Deutschland schon verloren glaubte. Ja, es geschehen noch Zeichen und Wunder, ich lebe tatsächlich noch, entdecke den Spaß an der Musik, am Essen, und wahrscheinlich auch den am Sex, aber da muss ich mich noch einige Stunden, genauer gesagt fast einen kompletten Tag gedulden. Deshalb ziehe ich mir einen DVD Film mit dem Schauspieler <<Mickey Rourke>>, <<Der Wrestler>> rein, in dem er einen ziemlich ab-getakelten Ringer spielt, der selbst nach einem Herz-infarkt noch weiter seinen Job machen muss. Ein ziemlich deprimierender Film. Aber kaum, dass er vorbei ist, landen wir auch schon in den arabischen Emiraten. Ich stelle meine Uhr um zwei Stunden zurück. Die Zeiger stehen nun auf Mitternacht.

Der erste der zwei Flüge ging rasch vorbei, aber nun beginnt der zehnstündige Aufenthalt in den weitläufigen Flughallen. Auf was um Gottes Willen, habe ich mich da bloß wieder eingelassen. Die Nacht wird sogar schlimmer als befürchtet. Ich habe es ja schon geahnt, denn ich habe die Tortur schon einmal mitgemacht, aber leider vergisst der Mensch die unangenehmen Dinge sehr schnell, verdrängt sie ganz einfach.

Bis drei Uhr in der Nacht, laufe ich unermüdlich durch die glamourös ausgestatteten Flughafengebäude, ständig auf der Suche nach einem freien Liegestuhl, damit ich wenigstens ein bisschen pennen kann. Gegen halb Vier am Morgen, gebe ich die Stuhlsuche auf, und möchte stattdessen lieber ein schönes kaltes Bier trinken. Das müsste es doch in den kleinen Supermärkten und Duty Free Shops geben! Doch Pustekuchen! Ist erst mal nichts mit dem köstlichen Gerstengebräu. Das Getränk wird dort nicht zum Verkauf angeboten! Das finde ich doch sehr ärgerlich, und so mache ich mich mürrisch auf den Weg zu dem einzigen Englisch Pub, der sich meilenweit entfernt, am anderen Ende der riesigen Flughafenhalle befindet. Kaum bin ich dort angekommen, treten meine Augen, beim Blick auf die Getränkekarte, aus ihren Höhlen. Ein kühles Guinness Bier kostet schlappe acht Euro! So kann man sein Urlaubsbudget natürlich auch verjubeln. Nachdem meine Nerven sich etwas beruhigt haben, schaue ich mich vorsichtig um, und entdecke nur besoffene britische Underdogs in der Bar, was mich den Entschluss fassen lässt, diesen Pub wieder zügig zu verlassen. Natürlich schlürfe ich vorher gierig mein überteuertes Guinness aus.

Dann mache ich mich wieder auf den Weg, immer noch auf der Suche nach einer geeigneten Schlafstelle. Nachdem ich grob geschätzt, zwei Kilometer durch die imposanten Hallen gelatscht bin, entdecke ich doch tatsächlich noch ein freies Schlafmöbel, auf das ich mich sogleich hernieder lasse. Herniederlassen ist vielleicht das falsche Wort, denn eigentlich falle ich todmüde, wie ein nasser Sack, auf die unbequeme Metallliege. Nun wünsche ich mir den heiß ersehnten Schlaf herbei. Doch dieser will sich einfach nicht einstellen, und das ist auch gar kein Wunder, denn genau über meinem Kopf, befindet sich ein großer Flatscreen Monitor, der wie aus heiterem Himmel, plötzlich, und in einer ohrenbetäubenden Lautstärke, anfängt loszuplärren . Auf dem Monitor erscheint eine grässlich schrille und bunte Kinderserie, die mich mit Grausen an die Teletubbys erinnert. An einen erholsamen Schlaf ist nun nicht mehr zu denken. Deshalb wechsle ich den unbequemen und lauten Ort und suche mir einen anderen Schlafplatz. Dort bläst mir die Aircondition, mit gefühlten 18 Grad, in mein Genick. Linkerhand sitzt ein Japaner an seinem Laptop und hämmert nervös auf seiner Tastatur herum, und rechter Hand schnarcht ein graumelierter Typ, den ich auf Mitte Vierzig schätze. Die Geräusche, die er so von sich gibt, erinnern mich an ein altes Walross. Na ja, was soll es, ich muss mich eben mit meinem Schicksal arrangieren. Was bleibt mir denn auch anderes übrig. Man muss schon einige Qualen auf sich nehmen, wenn man günstig in das Land des Lächelns reisen möchte. Doch damit noch nicht genug, denn gegen fünf Uhr in der Frühe, gerade als ich endlich am Einnicken bin, ruft der Muezinn lautstark zum Gebet. Gleichzeitig beginnt der Typ neben mir wieder mit seiner röchelnden Schnarchorgie. Grausam, Fürchterlich, Unerträglich!

Ich schlage drei Kreuze, wenn ich endlich im Flieger nach Bangkok sitze. Zehn Stunden Aufenthalt kann ich niemandem empfehlen. Aber ich bin halt schon wieder ein Kiniau, ein Geizhals und muss nun mit den Konsequenzen leben. Dafür hat mich diese ungünstige Verbindung auch nur 370 Euro gekostet. Hätte ich allerdings noch 180 Euro draufgelegt, würde meine Wartezeit nur drei Stunden betragen, und ich befände mich schon längst auf dem Weg gen Bangkok. Voller Neid, denke ich jetzt an die zwei deutschen Pattayafans, die ich zuvor im ersten Flugzeug getroffen habe, und die sich schlauerweise den dreistündigen Aufenthalt ausgesucht hatten. Sie würden schon in Bangkok ankommen, wenn ich gerade dabei wäre, meine zweite Maschine zu besteigen. Tja ja, das Leben bestraft die Dummen oder besser gesagt die Geizigen, und ich kann sicher für das nächste Mal meine Lehren daraus ziehen. Ich habe allerdings so meine Zweifel, ob ich auch wirklich noch lernfähig bin. Die Stunden ziehen sich quälend langsam wie

Kaugummi dahin. Da ich nichts anderes zu tun habe, beobachte ich eine der zahlreichen großen Airportuhren, auf denen ein fettes Rolex Logo prangt. Die Zeiger kriechen so träge, wie eine fette, schleimige Schnecke, scheinen sich unendlich langsam fortzubewegen.

Doch irgendwann ist auch diese Durststrecke geschafft, und das Ziffernblatt zeigt mir an, dass es acht Uhr am Morgen ist. Ich mache mich mit schweren Gliedern auf die Suche, nach einem nicht zu teuren Imbiss, um mir einen starken Kaffee einzuverleiben. Preiswert ist der Imbiss nicht, doch ich treffe dort einen Franzosen, der genau wie ich die günstige Verbindung gewählt hat, aber im Gegensatz zu mir noch erstaunlich fit und ausgeschlafen wirkt. Er ist ein richtiger Thailandfreak und reist gänzlich ohne Gepäck. Eine Unterkunft hat er auch nicht gebucht. Vielleicht trifft er ja ein Mädchen und kann gleich bei ihr pennen, meint er im Brustton der Überzeugung. Ich habe da zwar so meine Zweifel, aber jeder ist seines eigenen Glückes Schmied. Nun ja, und billige Guesthouses gibt es in Thailand wie den Sand am Meer. Ich schlürfe meinen grottenschlechten, bitteren sieben Euro Kaffee, den man den Angestellten eigentlich ins Gesicht schütten müsste. Auf einem Flatscreen Monitor, der über der Kaffeebar angebracht ist, läuft ein Musik Clip mit <<Jennifer Lopez>>, der <<Miss Super Arsch>>, und der Franzose ist von den weiblichen Reizen völlig abgelenkt und registriert mich schon gar nicht mehr. Ja, ja, so denke ich mir, so sind sie halt, die männlichen Thailand Urlauber! Die eine

Sache scheint sie magisch anzuziehen! Ich bin da natürlich die große Ausnahme. Ein kleiner Scherz am Rande. Ha, ha!!

Gegen acht Uhr fünfzig ist es endlich soweit. Unser Gate öffnet, und wir können uns in die Abflughalle setzen. Dort treffen wir noch auf einen Guy aus Bristol, der aber wegen seines ausgeprägten Akzentes für mich sehr schwer zu verstehen ist. Als wir dann endlich unser Fluggerät besteigen dürfen, bin ich dermaßen übernächtigt, dass ich das Gefühl habe, mein Kopf wäre in Watte gepackt, und alle Geräusche würden nur noch sehr gedämpft an meine Ohren dringen. Dazu rast meine Pumpe, wie ein überdrehter, alter und röchelnder Motor, der in seinen letzten Zügen liegt. Ich will endlich, endlich schlafen und deshalb haue ich mir jetzt zwei Heineken Bier in die, schon jetzt dröhnende Birne. Die Wirkung, die ich verspüre ist gleich Null, und somit lasse ich zwei Jack Daniels Cola folgen. Pennen kann ich trotzdem immer noch nicht. Irgendetwas kann mit mir nicht stimmen! Auf DVD und Musik habe ich nun auch keine Lust mehr. Die Zeit kriecht schon wieder so dahin, und der Flug scheint eine Ewigkeit zu dauern. Als wir dann endlich landen, bin ich zu einem wandelnden Zombie geworden, der mechanisch zu der Passkontrolle taumelt. Ein Flughafenangestellter hält mir einen Wisch unter die Nase, der seit dem Ausbruch der Schweinegrippe wohl vorgeschrieben ist, und den ich wohl noch ausfüllen muss. „Hatten sie Durchfall in jüngster Zeit? Kopfschmerzen, Fieber oder Gliederschmerzen?" „Notieren Sie ihre Flugnummer und den

Sitzplatz!" In meinem Dämmerzustand kreuze ich irgend etwas an, und lege den Wisch, zusammen mit meinem Reisepass, dem Beamten vor. Der würdigt dem Zettel nicht die geringste Aufmerksamkeit, stempelt das Ankunftsdatum in meinen Pass und winkt mich schleunigst durch die Kontrolle.

Mit dem <<Bristol Guy>>, den ich zuvor getroffen habe, will ich mir ein Taxi teilen. Er steht bereits am Stand der Taxi Mafia und findet 1200 Baht (knapp 25 Euro), für eine Fahrt in das Zentrum von Bangkok, erstaunlich günstig. Ich kann ihn gerade noch vor der Mafia beschützen und weiterziehen. Schließlich stehen wir außerhalb des Flughafengebäudes, an einem öffentlichen Taxistand, an dem man fünfzig Baht für den Tollway (gebührenpflichtige Stadtauto-bahn) zahlt und somit ungefähr 350 Baht für die Fahrt in die City. Das ist völlig in Ordnung! Damit ergibt sich eine Differenz von annähernd 850 Baht zum Taxi Mafia Stand. Dafür kann man sich schon eine hübsche Bettgefährtin anlachen und es sich gut gehen lassen.

Die Fahrt im Taxi ist ein wenig haarsträubend, denn der Bristol Guy will in den Stadtteil Pratunam, und ich möchte in die Gegend um Ekamai. Mit unserem Taxi-fahrer gibt es einige Verständigungsschwierigkeiten, da er anscheinend nicht genau versteht, wer nun genau wohin will. Somit beschleicht mich ein sehr ungutes Gefühl, ob ich denn auch in meinem, zuvor Online gebuchten Hotel, im Sukhumvit Bussiness Viertel ankommen werde. Doch nach mehrmaligem Hin und Her: „You are Ekamai?", wobei er mit dem Finger auf mich und abwechselnd den „Bristol Guy deutet, komme ich doch tatsächlich wohlbehalten vor meinem Hotel an. Es ist grün und beige gestrichen, und das lila Sawasdee Logo leuchtet mir fröhlich entgegen. Ja, doch, so sah das Hotel, welches ich zuvor online im Internet gebucht habe, aus. Hipp, hipp, hurra, ich bin wirklich angekommen, und das nach lächerlichen 30 Stunden. Ich kann es noch kaum fassen.

Nachdem ich die Eincheck Prozedur überstanden habe, zeigt man mir mein Zimmer, das zwar über Fernsehen, Kühlschrank und ein ordentliches Doppelbett verfügt, jedoch kein Fenster besitzt. Eine Zwangsentlüftung über der hölzernen Eingangstür soll für die benötigte Frischluft sorgen. Bei der Online Buchung ist mir das überhaupt nicht aufgefallen, aber so wie ich die Schlitzohren kenne, haben sie es auf ihrer Homepage auch gar nicht erwähnt. Irgendwie wird man halt immer ein klein wenig verscheißert. Aber abgesehen von dem fehlenden Fenster, ist der Raum gut ausgestattet. Der Kühlschrank ist mit Bier und Softdrinks gut gefüllt. Das ist doch das Wichtigste. Auf dem Nachttisch liegen sogar ein paar Kondome. Das ist doch noch ein Service! Da kann man wirklich nicht meckern! So sehe ich auch gerne darüber hinweg, dass von den zwei Hängelampen, über dem Kingsize Bett, nur noch eine funktionstüchtig ist. Das Hotel ist halt schon ein bisschen in die Jahre gekommen, und die Renovierungskosten spart man sich lieber. Wenn dann alles verrottet ist, wird lieber gleich abgerissen und neu gebaut. Ich stoppe meinen negativen Gedankengang, und mache mich lieber über den Inhalt des Kühlschrankes her, um endlich abschalten zu können. Mit einem lauten Zischen, öffne ich mein erstes Chang Bier. Das trinken eigentlich fast nur die Bauarbeiter und unwissende Farangs, aber egal, mir schmeckt das Chemo Bier! Ist zwar nicht gut für die Gesundheit und den wachsenden Bauchumfang, aber wer will denn schon ewig leben?

Na ja, schlafen kann ich immer noch nicht, obwohl ich mich, mitsamt meinen verschwitzten Klamotten, auf das frische Laken geworfen habe, und somit entscheide ich mich für einen kleinen Rundgang, um die nähere Umgebung zu erkunden. In dem Gebiet der Sukhumvit Soi 7, fallen mir besonders die teuren japanischen und koreanischen Restaurants auf, die sich dort zuhauf angesiedelt haben. Einen Edel Karaoke Pub, mit nettem weiblichen Inventar für die etwas betuchtere Klientel, sehe ich auch. Leider kann ich mich zu der nicht zählen. Der Skytrain, eine Hochbahn, Bangkoks leisestes und schnellstes Verkehrsmittel, befindet sich ganz in der Nähe meines Hotels. Den werde ich gleich morgen früh ausprobieren. Nun sehe ich aber zu, dass ich schleunigst eine Mütze Schlaf bekomme, damit ich für die morgigen Aktivitäten auch gewappnet bin.

Chatuchak Market

Um neun Uhr morgens, sitze ich schon am Früh-
stückstisch und vertilge ein mit Tomaten und Pilzen
gefülltes Omelette. Dazu gibt es wieder einmal un-
genießbaren bitteren Instant Kaffee. Aber egal, das
Wichtigste ist, er hat Koffein, denn das benötige ich
jetzt am dringendsten, denn <<Ausgeschlafen>> sieht
anders aus. Ich komme mit einem Australier ins Gespräch, der am Nachbartisch sitzt, und den ich auf
Mitte Fünfzig schätze. Zufällig möchte dieser in einer
Stunde den bekannten Chatuchak Market besuchen,
was mir sehr gut in mein Konzept passt, denn dies ist
auch mein Plan für den heutigen Tag. Der Markt
findet immer nur am Wochenende statt und dort soll
es einfach alles geben, was man sich nur vorstellen
kann. Wir verabreden uns in einer Stunde wieder im
Restaurant zu treffen, und ich sprinte nach oben, um
noch einmal eine erfrischende Dusche zu nehmen und
mich noch kurz aufs Ohr zu hauen. Dann ist es auch
schon Zehn, und wir marschieren zusammen in
Richtung Skytrain. Nachdem mir Mike kurz das
System erklärt hat, kaufe ich eine aufladbare Karte
den sogenannten Smart Pass. Am Eingang zur Hochbahn befinden sich Drehkreuze, und um Einlass zu
bekommen, muss ich die elektronische Karte über
einen Laser ziehen. Der Fahrpreis berechnet sich nach
der Wegstrecke, das heißt konkret bis zu welcher
Station man fahren möchte. Dort steigt man wieder
aus dem Skytrain und am Auslass befinden sich
wieder Drehkreuze, und die Karte zieht man abermals

über einen Laser und sieht dann wie viel Guthaben sich noch auf der Karte befindet. Ein sehr einfaches und sicheres System.

Wir fahren bis zur Endstation Mo Chit, zu deren Füssen sich der imposante Markt befindet. Es gibt sogar eine große Tafel, auf der sich ein Wegeplan befindet. Damit man weiß in welchem Bereich man Kleidung, Blumen, Haustiere und andere nützliche Dinge findet. So unvorstellbar gigantisch ist die Fläche. Mike besitzt eine große und teure Spiegelreflexkamera und ist ein leidenschaftlicher Fotograf. Der Markt bietet ihm unzählige und ausgefallene Motive. Die farbenprächtigen Blumen, und die interessanten Speisen, wie zum Beispiel gegrillte Käfer, Grashüpfer oder fette eiweißhaltige Maden, haben es ihm angetan. Ich kann ihn kaum noch bremsen und würde viel lieber im Schatten sitzen, und meine Kehle mit einem kühlen Getränk benetzen, denn es ist Mittagszeit und brütend heiß. Zudem macht mir der nun einsetzende Jetlag schwer zu schaffen. Wir durchstreifen ein Zelt, in dem es kunstvoll geschnitzten Holzschmuck und Lederwaren zu kaufen gibt. Das wäre ein ideales Mitbringsel für die Lieben daheim in Deutschland, geht es mir durch den Kopf. Doch die Auswahl ist so reichhaltig, dass ich mich mal wieder überhaupt nicht entscheiden kann, was ich nun am Besten kaufen soll. In einem weiteren Zelt, werden Hunderte von Jeans zum Verkauf angeboten. Zerrissene Hosen oder solche, die mit viel Kreativität künstlich beschmutzt wurden, liegen bei der Thaijugend voll im Trend. That`s the Fashion

Style in Thailand! meint Aussi Mike. In meinem Alter lässt man von solchen Experimenten lieber die Finger. Ich fasse den Entschluss ein einfaches dunkelblaues Paar anzuprobieren. Eine Umkleidekabine ist nicht vorhanden, und so versuche ich mich, nur von einem Berg Kleidung notdürftig vor neugierigen Blicken geschützt, in die Hosen hineinzuzwängen. In Deutschland kaufe ich immer Größe 34 aber in Thailand scheint auch diese viel zu eng. Schon nach dem ersten Anprobeversuch, im höllisch heißen Kleiderstand, bin ich völlig durchgeschwitzt, und salzige Soße läuft nur so an meinen Beinen herunter. Big Size scheint es hier nicht zu geben, denn die Hosen sind wohl nur für schlanke Thais zugeschnitten. Schon Größe 36 zu finden stellt ein größeres, fast nicht zu lösendes Problem dar. Und ganz ehrlich, Hosen kaufe ich viel lieber in klimatisierten Kaufhäusern oder Supermärkten, wie dem Big C. Sowieso bin ich eher der Typ Mann, dem Einkaufen keinen Spaß bereitet, und der auch nicht zu Spontankäufen neigt. In Deutschland gehe ich eigentlich nur dann zum Shoppen, wenn mir schon vorher klar ist, was ich kaufen möchte. Meistens habe ich das Objekt der Begierde schon ein, zwei Tage vorher gesehen. Deshalb breche ich den Jeanskauf im heißen Zelt auch entnervt ab, und mein Wunsch nach einem kühlen Getränk schiebt sich immer mehr in den Vordergrund. Doch Mike steht schon an einem Stand, an dem wundersame Werkzeuge für Heimwerker zum Verkauf angeboten werden. Da er in Australien Zimmermann ist, interessiert er sich auch für einen Glasschneider, der hier an der Verkaufsbude eindrucksvoll vorgeführt wird. Weil Mike ein gewiefter, schlauer Fuchs ist, und den Verdacht hegt, dass eventuell nur das Vorführgerät mit einem hochwertigen Diamanten ausgestattet sein könnte, lässt er sich auch ein Stück der verpackten Ware zeigen, der zu seiner großen Überraschung aber mit der gleichen hochwertigen Qualität überzeugen kann. Mike ist völlig begeistert und entschließt sich zum Sofortkauf. An einer weiteren Bude, die exotische Früchte zum Verzehr anbietet, ersteht er preiswerte, mundgerecht geschnittene Ananas und Melonenstückchen im durchsichtigen Plastikbeutel. Doch als ihm die Marktfrau sein Wechselgeld zurückgibt, bekommt Mike ganz plötzlich große Augen. Er ist sich sicher, ihr einen tausend Baht Schein gegeben zu haben, da er diesen zuvor in seiner Börse hatte, und ihn jetzt nur das leere Scheinfach ins Gesicht lacht. Er beginnt eine lautstarke Diskussion mit ihr und droht schon mit der Polizei. Ich versuche die Fronten zu beschwichtigen, da es ja gar nicht als sicher gilt, dass die Marktfrau das Geld unterschlagen hat. Ebenso gut kann es beim vorigen Werkzeugkauf passiert sein, oder vielleicht hat Mike den Tausender auch nie in der Brieftasche gehabt, sondern hat sich das nur eingebildet. Diskussionen in Thailand sind gar nicht förderlich für die Gesundheit und können zu plötzlichen Wutausbrüchen seitens der Thailänder führen. Besser man vermeidet sie als ahnungsloser Tourist, sonst kann man mal ganz unverhofft sein blaues Wunder erleben. Und das kann wirklich sehr schmerzhaft sein, falls man es überlebt, denn ich habe schon einmal gesehen wie eine Gruppe Thais auf einen am Boden liegenden Wehrlosen eingetreten und geprügelt hat. Möchte ich selbst nicht erleben. Nein Danke!

Deshalb mache ich beschwichtigende Handbewegungen und ziehe Mike mit Nachdruck weiter. Er beruhigt sich auch schnell wieder, und kurz darauf hat er den Vorfall schon vergessen, denn eine Informationskampagne über die Schädlichkeit des Rauchens, zieht ihn in seinen Bann. Ein paar hübsche Studentinnen erläutern an einem plastischen Lungenmodell, warum man mit dem blauen Dunst seinen Körper massiv schädigt. Mike ist ganz begeistert, denn er hat nach zwanzig Jahren das Rauchen aufgegeben. In einem ausliegenden Buch, kann man sich mit einem Spruch verewigen, was Mike auch sofort in die Tat umsetzt. Dabei stehen wir mitten in der prallen Sonne, was meinen empfindlichen Hirnhäuten überhaupt nicht gut bekommt. Ich möchte endlich meinen Drink, ich möchte in den Schatten. Da es bei Mike noch länger dauern kann, vereinbaren wir, dass wir ab jetzt getrennte Wege gehen und uns erst am Abend wieder im Hotel treffen, um zu einer ausgiebigen Nachtwanderung aufzubrechen. Verzweifelt suche ich nun nach einem kleinen Restaurant, in dem ich mein müdes, überhitztes Haupt niederlassen kann. Restaurants gibt es auf dem Markt nicht so viele, doch nach längerer Suche habe ich Glück und kann zwei süffige kühle Singha Bier genießen. Dazu löffle ich eine leckere Tom Yam Gung Suppe, die hier auf dem beliebten Markt aber ihren Preis hat. Nun ja, geschenkt bekommt man nichts mehr! So ist die Welt nun mal!

Auf dem Heimweg kaufe ich aus einer eisgekühlten Box noch zwei Leo Bier, die ich um zwei Uhr nachmittags auf offener Straße trinke. An den befremdlichen Blicken der Einheimischen, und denen eines behelmten Polizisten, wird mir schlagartig klar, dass solche Farangs im Land des Lächelns wohl nicht sonderlich beliebt sind. Deshalb trolle ich mich in Richtung des Skytrains davon, und eine halbe Stunde später, liege ich schon, unter der erfrischenden Klimaanlage, auf meinem frisch bezogenen Kingsize Bett. So kann man es doch aushalten. Jetzt noch ein kleines Nickerchen, damit ich für den Abend bestens gerüstet bin.

Nana Plaza

Drei Stunden später bin ich halbwegs ausgeruht, sitze im Restaurant, esse ein scharfes Green Curry mit Beef und genehmige mir zwei weitere große Singha Bier. Sodann mache ich mich auf die Socken zur nächsten Apotheke, denn ich möchte mir ein paar Potenz steigernde Pillen besorgen. Man wird ja auch nicht jünger, nicht wahr? In dem Drug Store meiner Wahl angekommen, unterbreitet mir der Giftmischer sein reichhaltiges Angebot. Ein ganzes Arsenal der Dopingmittel steht zur Debatte. Original Viagra?, die indische Kopie Kamagra? Jelly Liquid? (ein Gel zur oralen Einnahme) Cialis oder die Generika (Nach-ahmermedikamente) aus Indien wie z.B. Tadalis mit 20 Milligramm Wirkstoff, das aber fast 24 Stunden wirkt, entsprechende weibliche Animation voraus-gesetzt. Oder soll ich mich doch für Caverta 100 mit den roten dreieckigen Pillen entscheiden? Wer die Wahl hat, hat die Qual. Letztendlich, bevorzuge ich die gelben Tadalis Pillen von Ajanta Pharma mit dem Wirkstoff Tadalafil, weil diese nach meiner Meinung schonender für Magen und Darm sind und wie gesagt 24 Stunden oder sogar länger wirken. Wieder zu Hause, spüle ich, unvernünftig wie ich nun mal bin, gleich zwei der gelben Pillen mit einem Glas Sangsom Coke hinunter. Wat sein muss, das muss sein. Dermaßen gerüstet, stelle ich nach einem Blick auf meine Armbanduhr fest, dass es schon fast 22 Uhr ist, und ich den guten Mike verpasst habe, denn wir hatten uns für 20 Uhr im Restaurant verabredet. Mist, das ist verdammt schade, dann muss ich jetzt wohl ganz alleine los. Da ich aber ein Individualist bin, und man in den Bars in der Nähe der Soi Cowboy und Nana Plaza jede Menge Leute kennenlernt, ist das aber auch nicht der Weltuntergang.

So bewege ich meinen chemischen gedopten Alkohol Körper in Richtung des Skytrain, um von meiner Station <<Thong Lo>> zwei Stationen weiterzufahren. In zwölf Meter Höhe, rausche ich über den, in Bangkok obligatorischen Verkehrsstau. Die Technik der Schnellbahn ist von Siemens. An der Haltestelle Asok, taumle ich wieder aus der Hochbahn, denn die Soi Cowboy, das erste Vergnügungsviertel, befindet sich ganz in der Nähe zwischen der Soi 21 und 23. Voller Vorfreude, sprinte ich die steilen Treppen der Hochbahn hinunter, um die berühmte, etwa einhundert Meter lange Vergnügungsmeile genauestens unter die Lupe zu nehmen. Gleich zu Beginn der Straße, strahlt mir eine gigantische, orangefarbene Leuchtreklame, mit dem Schriftzug Soi Cowboy entgegen. Der Name stammt von dem amerikanischen Pilot TG Cowboy. Er war der Manager der allerersten Bar in dieser Straße. Sie ist das zweitälteste Vergnügungsviertel der Stadt. Genüsslich, schlendere ich die Road entlang, und ich sehe zu beiden Seiten jede Menge Girlie Bars, Musikkneipen und Strip Bars. In den Musikkneipen und Girlie Bars sitzen jede Menge Expats, Bussiness Typen und Touristen, die von Bangkok, und seinen speziellen, verführerischen Reizen, nicht mehr die Finger lassen können. Ich bin noch am grübeln, ob ich lieber das Sunshine (ehemals Afterskool) besuchen soll, in dem die Girls als Schulmädchen aufgemacht sind, oder doch lieber in das Spice Girls gehen soll, das eine GO-GO-Bar ist, die angeblich den größten Tanzglasboden besitzt, so dass man den Mädchen, vom Erdgeschoss aus, unter den Rock schauen kann, was zur Folge hat, dass die unteren Extremitäten, der meist männlichen Besucher, schon ein weniger stärker durchblutet werden. Oder doch lieber eine Blow Job Bar? Ich entscheide mich für das Spice Girls, da ich schon deren Homepage im Internet besucht habe. Besonders verlockend ist, dass sie die ganze Nacht Draft Bier für 100 Baht anbieten. Da sag ich als alter Schluckspecht doch nicht nein. Schon am Eingang, werde ich von den Mädchen lautstark begrüßt, und eine attraktive Hostess mit wilder Löwenmähne, geleitet mich in das aufregende Innere. Dort räkeln sich jede Menge der bezaubernden Girls, in weißen Netzstrümpfen, hochhackigen Stiefeln und ebenfalls weißen Hotpants, sehr kunstvoll und sexy um die funkelnden Silberstangen. Allein von diesem reizvollen Anblick, wird mir schon ganz heiß, und ich brauche wirklich dringend eine Abkühlung. Hilfe naht in Form, der zum Anbeißen süßen Hostess Om, die mir meinen Wunsch von den Augen abliest und mir augenblicklich ein süffiges, kühles Singha Draft Bier bringt. Aufgrund einer Promotion Aktion ist das heute im Angebot und kostet die ganze Nacht 80 Baht pro Glas. Solchermaßen ausgerüstet, suche ich mir einen Platz, direkt am ebenfalls verglasten Tresen, auf dem die Ladys schon feurig tanzen. Auch ein Spiegel ist auf der Tanztheke angebracht. Von meinem Platz kann ich genüsslich ihre langen und makellosen Beine bewundern, und ab und zu, werfe ich verstohlen einen Blick unter die knappen Röckchen. So muss es sich anfühlen, wenn man im Paradies angekommen ist!

Viele der Tänzerinnen sind blutjung, ich schätze sie auf Anfang Zwanzig. Ich gebe Nummer 10 ein kurzes Handzeichen, und nachdem sie ihren schlangenartigen Tanz um die Silberstange beendet hat, kommt die <<Coyote Dancing Lady>> auch schon an meinen Tisch, um sich einen Ladydrink spendieren zu lassen. Dabei tätschelt ihre Hand schon zärtlich die Innenseite meines Schenkels, was die Blutzirkulation, eines weiter oben befindlichen Anhängsels, ganz schön in Wallung versetzt. Meine Augen registrieren erfreut, dass sie einen beachtlichen Busen besitzt. Wahrscheinlich hat sie mit Silikoneinlagen nachgeholfen. Viele Tänzerinnen machen das, denn es ist gut fürs Geschäft. Ihr süßes Lächeln, die großen kindlichen Augen, und die niedliche Stupsnase gefallen mir. Sie beginnt das übliche Gespräch:"Where you come from?" „What`s your name?" Ich überlege für einen kurzen Augenblick, ob ich sie mal veräppeln soll und behaupte dann einfach:"I come from Xanadu!",da ich diese permanent gleiche und stupide Konversation wirklich nicht mehr hören kann. Jedes Bargirl leitet ein Gespräch mit diesen zwei Standardfragen ein. Ist ja an für sich auch nichts dagegen einzuwenden, aber wenn man jeden Abend in einer anderen Bar herumhängt und immer wieder das Gleiche hört, nervt es irgendwann nur noch. Deshalb habe ich auch nichts dagegen einzuwenden, dass sie nun den Körperkontakt intensiviert. Ich lasse mich auf das erregende Spielchen ein, und kurze Zeit später, befindet sich Tiks Zungenspitze auch schon in meiner Mundhöhle, um einen Lust steigernden Nahkampf auszufechten. Ein wohlig kribbelnder Schauer breitet sich langsam aus, lässt meinen Körper förmlich erzittern. So langsam, ziehe ich es in Erwägung, ob ich die gute Tik heute Nacht auslösen soll. Sechshundert Baht Barauslöse sind eigentlich angemessen für dieses Sahnestückchen, allerdings weiß ich ja noch nicht, welchen Preis sich die hübsche Tik, für Longtime so vorgestellt hat. Aber das kann ich ja gleich und diskret in Erfahrung bringen. Sollte kein Problem darstellen. Ihre Preisvorstellung von viertausend, unglaublichen Baht, sprengt dann aber doch mein Urlaubsbudget. Da sie auch nicht mit sich verhandeln lässt, ziehe ich mich, mit einem wehmütigen Lächeln, höflich und taktvoll aus dem <<Spice Girls zurück>>. Ich bin mir ziemlich sicher, es werden sich noch deutlich preisgünstigere Hasen finden lassen. Irgend etwas geht ja immer!

Auf dem Rückweg, flaniere ich noch an der Afterskool Bar vorbei, einer Blow Job Einrichtung, bei denen die weiblichen Angestellten, wie Schulmädchen aufgemacht sind und sehr knappe karierte Röckchen und enge weiße Blusen tragen. Wie der Name der Bar schon deutlich suggeriert, könnte ich mir da drinnen einen blasen lassen, währenddessen ich mein Bier genieße. Da dieser Schuppen aber nicht den Hauch von Diskretion bietet, und praktisch wohl jeder dabei zusehen kann, lasse ich das Etablissement doch lieber links liegen. Ist halt einfach nicht so mein Fall. Ich spaziere noch an einigen, der bekannten Go-Go-Bars, wie Sharks, Midnite und Deja Vu vorbei, bevor ich zum Abschluss noch ein Guinness Bier im Irish Pub bestelle. Frisch gestärkt, will ich dann noch die Nacht genießen und besteige wieder den Skytrain, um nach einer kurzen Fahrt an der Station Nana auszusteigen. Ein paar Minuten später, befinde ich mich in der Soi 4, und es geht nach links in einen Innenhof, in dem sich ein dreistöckiges Gebäude befindet, um welches sich Bar an Bar reihen. Direkt vor mir, sehe ich das Pharaoes, das Lollipop und links im ersten Stock das Hollywood, doch meine Wahl fällt auf das Lucky Luke, das sich direkt rechts am Eingang befindet. Ich bestelle ein kühles Singha Bier, das mir mit dem obligatorischen Styropormantel gereicht wird, dessen Aufgabe darin besteht die Glasflasche kühl zu halten. Von der kleinen Bar, habe ich einen herrlichen Blick auf die vorbeiflanierenden Ladyboys und Nutten. Eine Schönheit nach der anderen, zieht an meinen wachsamen Augen vorbei. Zudem habe ich das Glück, dass mir Nut, ein 22 jähriges Mädchen aus der Bar Gesellschaft leisten will. Und so beginnt eine herrlich zwangslose Plauderei, die für mich eine schöne Abwechslung, von den tiefsinnigen, ernsten Gesprächen darstellt, die man im kalten, tristen Europa so führt. Währenddessen pulsiert das blühende Leben und aus den unzähligen Bars und Karaoke Schuppen hallen, in ohrenbetäubender Lautstärke, die verschiedenen Musikstücke, so dass die einzelnen Interpreten kaum noch herauszuhören sind. Ja, ja, so ist das, in Thailand gibt es keine Lärmbegrenzung, beziehungsweise Schutzvorschriften. Aber bei meinem dreiwöchigen Aufenthalt, werden meine Ohren wohl kaum dauerhaft geschädigt werden. Aber dafür vielleicht meine Augen, denn gleißend hell, flackern und blinken die zahlreichen Lauflichter, die an jeder der Bars angebracht sind. Rechter Hand von mir sitzen zwei Deutsche, die ich so auf Mitte fünfzig schätze. Ich komme mit ihnen ins Gespräch und erfahre, dass Heiner und Werner aus München kommen und nicht zum ersten Mal im faszinierenden Thailand weilen.

Diesen Eindruck bekomme ich aber, denn kurz darauf betritt ein thailändischer Uhrenverkäufer unsere Bar und bietet seinen Ramsch an. Werner ist ganz fasziniert von einer schlichten Uhr, mit braunem Lederarmband, und kauft dem Händler dieses <<No Name Stück>> für sagenhafte eintausend Baht ab. Ich kann meinen Augen nicht trauen, denn für dieses Geld, hätte ich locker die junge Nut für eine Nacht ausleihen können. Manche Leute wissen einfach nicht, was das Geld so wert ist, und werfen es einfach zum Fenster heraus. Der Händler wird sicherlich am Abend ein Glas Sangsom auf den spendablen, jedoch blöden Farang trinken. Ich kümmere mich lieber wieder um meine Nut, die schon die ganze Zeit alleine und schweigsam in der Ecke saß, und spiele wirklich und ernsthaft mit dem Gedanken, die niedliche Kleine für die heutige Nacht mitzunehmen. Doch dann macht sie einen verhängnisvollen und schwerwiegenden Fehler. Mit vollem Ernst erzählt sie mir, dass sie keine jungen

Männer möge, da diese zu oft in einer Nacht Sex von ihr verlangen würden. War dies nun ein Kompliment an mich, bin ich schon ein alter Mann? Und was ist mit den Potenzpillen, die ich heute Abend eingeworfen habe? Haut sie dann ab, wenn ich auch ein bisschen mehr Lust habe? Auf mich wirkt ihr Statement doch ziemlich frustrierend, und so bezahle ich meine Getränke, und nehme mir vor, noch die <<Nana Diskothek>> zu besuchen, die sich auf der gegenüberliegenden Straßenseite befindet. Gesagt, getan! Doch im Amüsiertempel herrscht noch gähnende Leere. Dafür muss ich ein Getränk für schlappe 250 Baht ordern. Nachdem ich dieses hastig hinuntergestürzt habe, verlasse ich die Disco wieder, nicht ohne mir vorher noch einen Stempel geben zu lassen, damit ich später, wenn es schon voller ist wieder zurückkehren kann. Ich laufe aus dem Innenhof, biege rechts in Richtung Sukhumvit ab und überquere diese. Was ich dort zu sehen bekomme, haut mich echt fast aus den Socken! Überall am Straßenrand, warten die Freischaffenden, die sogenannten Freelancers auf ihre Kunden. Es müssen Hunderte sein. Ich sehe sogar einige Afrikanerinnen, die ausgesprochen hübsch und langbeinig sind. Wäre doch mal eine schöne Abwechslung zu den flachbrüstigen Thailänderinnen, die meistens auch nicht über die entsprechende Rundung ihres Hinterteils verfügen. Doch ich gehe erst mal weiter, umkehren kann ich immer noch, und die zahlreichen Angebote werden mir wohl kaum davonschwimmen, wie dem Jäger die Felle. Auf halbem Wege, kehre ich noch mal in einer Expat Bar ein und konsumiere ein kühles Heineken Bier. Als es dann an das Bezahlen geht, merke ich so langsam den ganzen Alkohol in meinem Kopf, denn ich kann mich plötzlich gar nicht mehr daran erinnern, ob ich die Bierrechnung nicht schon vorhin beglichen habe. Der Barkeeper meint nein, und so muss ich ihm wohl vertrauen, er wird sicher recht haben. Ich taumle den Weg, den ich zuvor gekommen bin noch einmal zurück, aber die Afrikanerin ist schon in ein Gespräch mit einem Australier oder Engländer verwickelt. Also eine 180 Grad Kehre und noch mal an der Expat Bar vorbei, wo sich mir ein junges Mädchen mit niedlichem Gesicht in den Weg stellt und von mir wissen möchte, ob sie mich in mein Hotel begleiten solle. Mein Blick fällt auf ihre zierliche Taille, die keineswegs zu verachten ist, doch es wundert mich ein wenig, dass sie barfuß ist. Gehwege in der Großstadt Bangkok gehören nun mal nicht zu den saubersten.

Doch bei ihren Freundinnen, an einer Straßenecke, stehen ihre Schuhe, und so willige ich in ihr verlockendes Angebot ein, und wir nehmen uns ein Taxi in Richtung Thong Lo Station, wo sich meine derzeitige Residenz befindet. An der Rezeption muss Jai ihre Identity Card vorzeigen, damit ich auf der sicheren Seite bin, und sie mir nicht heimlich die Bude ausräumen kann. Das ist alles schon passiert. Lachend taumeln wir auf mein fensterloses Zimmer. Dort öffne ich meinen, immer noch gut gefüllten Kühlschrank und hole zwei kleine Heineken heraus. Dummerweise, kann ich jedoch den Flaschenöffner nicht mehr finden.

Ich muss also wohl oder übel noch einmal zur Rezeption hinuntergehen und mir dort einen besorgen. Da ich Jai noch nicht so gut kenne, beziehungsweise ihr noch nicht wirklich vertraue, nehme ich meinen Brustbeutel mit dem Bargeld doch lieber an mich. Viel Knete ist da zwar nicht drin, und meine Wertsachen sind sowieso hinter der Rezeption, im Safe eingeschlossen, aber sicher ist nun mal sicher! Unten angekommen, wird meinem Wunsch leicht schmunzelnd entsprochen und mit dem gewünschten Werkzeug, kann ich nun zur Tat schreiten. Nach dem enthemmenden Drink, lässt Jai alle Hüllen fallen, und wir lassen unserer Lust freien Lauf. „Can you smoke," äusserc ich fast zaghaft meinen Wunsch, den mir Jai, zu meiner Verwunderung sofort erfüllt, denn viele Thaimädchen wollen dies nicht tun. Jai jedoch ist eine begnadete Bläserin, die auch über eine flinke gepiercte Zunge verfügt. Ich bemerke, dass sie trotz ihres zarten Alters einiges an Erfahrung besitzt, was aber wohl kein Wunder ist, da sie bestimmt öfters mit den Kunden <<Short Time>> geht. Nachdem sie mich ausreichend stimuliert hat, ist es endlich an der Zeit, dass ich es ihr mal richtig besorge. Mit meiner rechten Hand, nestle ich an der Nachttischschublade herum, in der sich meine HT Kondome befinden. Ich benutze immer diese Marke, da sie über eine höhere Wandstärke verfügen und daher sehr sicher sind. Das Abrollen derselbigen, bereitet auch keine Probleme, da meine Tadafil Wunderpillen bereits ihre volle Wirkung entfalten. Zärtlich küsse ich ihren Hals und knabbere geschickt an ihrem Ohr, bevor ich in ihre empfangsbereite, schon feuchte Muschi eindringe. Völlig überrascht durch meinen Vorstoß stöhnt Jai lustvoll auf, was mich dazu ermutigt, die Intensität meiner zustoßenden Bewegungen noch zu steigern. Die erfahrene Jai unterstützt mich, indem sie mir mit kreisenden Bewegungen des Beckens entgegen-kommt.. Die heftigen Muskelkontraktionen ihrer pulsierenden Vagina, bekommt mein kleiner Freund nun deutlich zu spüren, und trotz Viagra & Co, die normalerweise die Ejakulation hinauszögern, gibt es nun kein Halten mehr, und <<Just for Fun>>, ver-schütte ich meine wertvollen Gene. Jai entsorgt das Kondom, rennt unter die Dusche und zieht ihr knappes, Männer betörendes Outfit wieder an. Ich bin leicht verwirrt, denn ich hatte angenommen, dass sie die ganze Nacht bei mir bleiben möchte. Dem ist wohl nicht so, und sie erklärt mir, dass sie ausschließlich << Shorttime>> geht. Mist, das wusste ich nicht, diese Kurzaufenthalte sind mir immer ein bisschen zu seelenlos. Aber nun gut, was soll ich machen, wenn sie gehen möchte, bin ich der Letzte, der sie davon abhalten will. So kann sie auf jeden Fall wesentlich mehr Kohle machen. Ich drücke ihr einen tausend Baht Schein in die Hand. Das ist viel zu viel, ich weiß, fünfhundert Baht wären angemessen, denn das ist der Standardpreis für Shorttime. Kurz darauf ist sie auch schon durch die Tür verschwunden, und eine Minute später, erhalte ich einen Anruf von der Rezeption. Diese erkundigt sich bei mir, ob es in Ordnung geht, dass das Mädchen das Hotel verlässt. Dieser Anruf dient meiner Sicherheit, denn ich kann noch einmal überprüfen, ob irgend etwas von meinen Sachen oder Bargeld fehlt. Da dies offensichtlich nicht der Fall ist, beende ich das Gespräch, und schon kurz darauf drifte ich zufrieden und glücklich in das Reich der Träume.

Shopping Tour

Am nächste Morgen, breche ich gut gelaunt auf, um den Bayoke Tower, das höchste Gebäude der Stadt, und den Pratunam Kleidermarkt zu besuchen. Mit dem modernen Skytrain, rausche ich zur Station Ploen Chit und schon nach wenigen Metern, erreiche ich große, aufwendig verglaste Shoppingcenter, wie das Central World Plaza, das auch mit den Einkaufspalästen, auf der gegenüberliegenden Straßenseite, durch eine ebenfalls verglaste Fußgängerüberführung verbunden ist. Das alle wirkt auf mich sehr futuristisch und äußerst beindruckend. Fasziniert bewege ich mich durch das Kaufhaus und schieße durch ein Fenster ein paar Bilder von einem weitläufigen, mit schwarzen spiegelnden Fliesen ausgelegten Platz. Zwei Brunnen mit bunt beleuchteten Wasserfontänen, mehrere Palmen, und intensiv grün leuchtende Laubbäume lockern das Areal optisch auf. Ausruhen und verweilen, kann der Besucher auf ebenso schwarzen, auf Hochglanz polierten Granitbänken. Ein riesiger, über zwanzig Meter hoher Plasmafernseher, hängt in luftiger Höhe über dem Platz und bombardiert seine Besucher mit lautstarker Werbung und Musik. Zusammen mit dem Gehupe und Geknattere unzähliger Autos und Mopeds, entsteht eine beachtenswerte Geräuschkulisse. Auch ein Schrein mit dem Elefantengott Ganesha, dem Glücksbringer und Gott der Weisheit, befindet sich auf dem Gelände. Der Hinduismus ist mit dem Buddhismus verwoben. Und so beten unzählige Thais, auf den Knien, um Glück und Erfolg. Niemand betritt ein neues Heim oder beginnt ein Unternehmen, ohne zunächst an Ganesh zu beten. Auf einem umlaufenden rechteckigen Sims, stehen unzählige kleine Elefantenfiguren aus den verschiedensten Materialien, um den Gott zu verehren. Schnell mache ich noch ein Foto, aus luftiger Höhe, von den betenden Thais, bevor ich mich dazu entschließe die Fußgängerüberführung zu benutzen, um im Big C, auf der anderen Seite, ein paar günstige Klamotten einzukaufen. Ich erstehe zwei ausgefallene Basecaps, drei Paar günstige Jeans und einen orangefarbenen Rucksack, damit ich die Sachen auch bequem verstauen kann und das lästige Tütenschleppen vermeide. Die Einkäufe werden in Thailand nämlich grundsätzlich in ein halbes Dutzend kleine und unpraktische Tüten gepackt, mit denen man dann durch die Stadt hetzen kann. Mit meinem Rucksack bin ich nun klar im Vorteil, denn ich möchte ja noch den Pratunam Kleidermarkt, sowie den Bayoke Tower besuchen. Also fackle ich nicht lange und schreite zur Tat. Zu Fuß passiere ich noch das Amari Watergate Hotel, vor dem sich eine scheußliche Baustelle mit turmhohen Kieshaufen befindet. In Bangkok wird übrigens an jeder zweiten Ecke gebaut, was das Stadtbild ganz schön verschandelt. Davon habe ich trotzdem mehrere Fotos geschossen, um meinen Bekannten auch die weniger schönen Facetten der Stadt zeigen zu können. Einen Preis für die Auszeichnung **Schönste Stadt der Welt** wird Bangkok wohl nie gewinnen. Dafür ist die brodelnde City aber unglaublich interessant und vielseitig und sucht ihresgleichen auf der Erde. Das ist einer der Gründe, warum es mich immer wieder in das Land des Lächelns zieht. Nachdem ich noch mittels einer Brücke einen Klong überquert habe, erreiche ich nach kurzem Fußmarsch den Eingang zum bekannten Pratunam Markt.

Nun werde ich durch eine sehr schmale, mit bunten Markisen überdachte Gasse geschleust. Links und rechts von dieser, befinden sich die zahlreichen kleinen und offenen Läden, die T-Shirts, Jeans oder Schmuckwaren feilbieten. Einer der Verkäufer hat sehr preiswerte Polo Shirts für 100 Baht das Stück im Angebot.

Da sie mir sehr gefallen, kaufe ich gleich zehn Stück und bekomme noch einen Rabatt eingeräumt. Hocherfreut, packe ich meine Schnäppchen in den Rucksack. Am Ende der Gasse, sehe ich schon den Bayoke Tower Eins, doch ich möchte zu dem höheren Gebäude, dem Bayoke Tower Zwei. Wenn man direkt vor dem ersten Gebäude steht, kann man das Zweite nämlich gar nicht mehr sehen. Das ist mir vor drei Jahren passiert, denn damals habe ich, statt des zweiten Gebäudes, den Bayoke Tower Eins besucht. Das wird diesmal aber garantiert nicht mehr ge-schehen. Ich betrete das Zweite, stattliche Gebäude, das immerhin über 85 Stockwerke verfügt und dabei annähernd 300 Meter hoch ist. Es gehört mit zu den höchsten Bauwerken der Welt und befand sich im Jahr 2007 auf Rang 4. Es beherbergt das bekannte Sky Hotel, von deren Zimmer man eine brillante Aussicht auf Bangkoks Skyline genießen kann. Mit einem

Fahrstuhl, werde ich ein paar Stockwerke höher befördert und finde mich ganz plötzlich auf einer Ebene wieder, die sich noch im Rohbau befindet. Ein Arbeiter schweißt und flext abwechselnd an einem der zahlreichen Stahlträger.

Nanu, wo bin ich denn hier gelandet. Das darf doch alles nicht wahr sein. Doch eine höfliche Frage bringt Klarheit und in einer dunklen Ecke, wartet ein weiterer Fahrstuhl auf mich, der mich in den 78. Stock bringt, wo sich die Kasse und ein Restaurant befinden. Ob meine Irrfahrt nun der reguläre Weg war, den auch die vielen anderen Touristen zurücklegen müssen, wage ich doch stark zu bezweifeln. Für mich gibt es halt immer eine Extrawurst. Na ja, was soll es! Ich löse mein Ticket für 200 Baht, das ein nicht-alkoholisches Freigetränk beinhaltet, zum Besuch des Restaurants, der verglasten Panoramaebene, und der drehenden Aussichtsplattform in luftiger Höhe berechtigt. Auf der Panoramaebene angekommen, bietet sich schon hier, ein atemberaubender Blick auf den Stadtdschungel, das Amari Hotel mit seinem Roof Top Swimmingpool, und auf die zahlreichen Verkehrsadern, mit ihren wie Spielzeugautos wirkenden Fahrzeugen. Die Stadt scheint einfach nicht enden zu wollen, und die Silhouetten der Häuser reichen bis zum Horizont. Ich drehe meine Runde auf der Panoramaebene, betrachte die Stadt aus sämtlichen Himmelsrichtungen. Die grüne Oase Lumphini Park, hebt sich deutlich aus dem Grau der Betonbauten hervor. Am frühen Morgen, drehen Jogger dort ihre Runden, und Thai Chi Anhänger führen mit höchster

Konzentration und Eleganz ihre Übungen aus. Die Skytraintrasse, mit ihren zwölf Meter hohen Stützen, und der Expressway, mit seinen zahlreichen Auf und Abfahrten, zerschneiden förmlich die Stadt, und der Betoncharme, den sie versprühen ist bestimmt nicht jedermanns Sache. Ich wandle noch ein wenig auf der Panoramaebene umher und betrachte neugierig zwei Fahrradrikschas und ein blau gelbes Tuk Tuk, die hier ausgestellt sind. Höflich frage ich eine junge Thai, ob sie ein Foto von mir und dem Tuk Tuk machen könne, und mein Wunscharrangement geht unmittelbar in Erfüllung. Zwei weitere Fotos, die sie macht, zeigen mich vor einer der Fahrradrikschas und vor der Skyline Bangkoks. Ich bedanke mich und setze meine Erkundungstour fort. Bevor ich die Treppen zur 84. Etage hinaufsteige, erwartet mich in einer dunklen Ecke ein grell, grünes Plastik Alien. Was dieser außerirdische Besucher allerdings mit dem Sky Hotel zu tun hat, bleibt mir schleierhaft. Doch als Farang in Thailand, muss man auch nicht alles verstehen. Das Schild jedoch, das an der schwarz gestrichenen Wand, mit dem Slogan:<< **Please dont touch! If it breaks it is yours**>> angebracht ist, trägt zu meiner Erheiterung bei. Lächelnd, sprinte ich die Treppen hinauf. Auf der drehenden Plattform angekommen, stelle ich leider fest, dass diese sich heute nicht bewegt. Darüber freuen sich aber meine verkümmernden Muskeln, die nun wieder einmal in den Genuss eines leichten Trainings kommen. Von hier oben, habe ich einen noch besseren Blick auf die Hochhausschluchten der explosionsartig wuchernden Stadt. Schade, eigentlich müsste ich das Gebäude am Abend besuchen, denn die illuminierte City, mit ihren zahlreichen Neonwerbungen, und die Verkehrsadern, auf denen sich ein Lindwurm mit tausenden Autoscheinwerfern bewegt, müssen eine magische Faszination auf den Besucher ausüben. Gedankenverloren, streift mein Blick über die Stadt, aber nach zwanzig Minuten, stellt sich ein leichtes Schwindelgefühl ein, und so schwanke ich unsicher eine Empore tiefer, um im verglasten Restaurant meinen alkoholfreien Cocktail zu schlürfen. Mit kurzen Hosen, Schlabber T-Shirt und ausgelatschten **China Billig Crocs**, bin ich bestimmt ein nicht so gern gesehener Gast, doch bei den hohen und schwülen Temperaturen, die in Thailand so herrschen, ist mir das herzlich egal. Im exquisiten, mit roten Polstermöbeln, ausgestatteten Restaurant, befeuchte ich meine ausgetrocknete Kehle und genieße abermals die spektakuläre Aussicht über die wuselige Stadt. Nachdem die Eindrücke sich unwiderruflich in meinem Langzeitgedächtnis festsetzen konnten, verlasse ich den Baiyoke Tower, um noch einen Abstecher zum Siam Square zu machen. Dort möchte ich noch das MBK Center besuchen, ein gigantisches Einkaufszentrum, in dem es wirklich alles zu kaufen gibt, was das Herz begehrt. Also steige ich wieder in den modernen Skytrain, der übrigens erst vor zehn Jahren eröffnet wurde, und rausche in einem Affenzahn zum Siam Square. Dort, gelange ich mühelos, mittels überdachter Passagen in das riesige Kaufhaus. Da mir mein Magen durch ein unmissverständliches Knurren mitteilt, das es nun an der Zeit wäre, ihm ein ausreichendes Mahl zukommen zu lassen, steuere ich das riesige International Foodcenter an, das sich im fünften Stock befindet. An der Kasse, muss ich für einen bestimmten Betrag Bons kaufen, die ich dann, an den einzelnen Essensständen einlösen kann. Die aufgedruckten Beträge, die ich nicht verbrauche, werden anschließend an der Kasse wieder ausbezahlt. Ich wähle eine Nudelsuppe mit Beef und dünn geschnittenes Huhn auf Reis aus. Dermaßen gesättigt, streife ich noch weiter durch den riesigen Einkaufskomplex, in dem es Schmuck, Phones, Kosmetikshops, Massagesalons, ja sogar eine lärmende Videospielabteilung und das SF Cinema City Kino im 7. Stock gibt. Die Videospielabteilung haut mich echt um. An einem Automaten, auf dem ein überdimensionales Maschinengewehr montiert ist, hocken ein paar junge Japaner, starren dabei wie hypnotisiert auf den Bildschirm, und ballern was das Zeugs hält. Das muss man sich mal reinziehen, eine ganze Abteilung, voll mit kreischenden Automaten. Meine Trommelfelle werden mit schrillen Geräuschen und Detonationen geradezu traktiert. In Deutschland würde sofort eine Diskussion über Suchtgefahr, Lärmbegrenzung und ähnliches Bla, Bla, angeleiert werden. Manchmal ist das auch ganz gut so, aber jeder Mensch hat schließlich eine Wahl, und so verlasse ich die ohrenbetäubende Abteilung. Ich bewundere noch das Cinema und ein Disco Bowlingcenter, ehe ich von der obersten Etage ein paar Bilder von dem siebenstöckigen Komplex, mit seinen zahlreichen, fast frei im Raum, schwebenden Rolltreppen ablichte. Die

Dimension des überdachten Innenhofes, um den sich die einzelnen Etagen quadratisch gruppieren, verdient meinen vollen Respekt. Gut, dass ich mir das nicht entgehen ließ. Doch es ist an der Zeit das Mah Boon Krong Center zu verlassen und noch einen kleinen Abstecher zum Hardrock Café zu machen, dass sich ganz in der Nähe befindet. Das Hardrock ist berühmt berüchtigt und als Wiedererkennungseffekt, ist über dessen Eingang die abgeschnittene Front eines Tuk, Tuk angebracht. Der berühmte Spruch: **Save the Planet** ist weithin sichtbar auf dem Dachfirst montiert. Vor allem Expats (Auswanderer) und Langzeit-touristen, treffen sich hier am Abend, um den guten Live Bands zu lauschen. Man kann dort ein gutes Steak essen und auch sehr attraktive Damen dort treffen, die jedoch fast alle finanzielle Interessen haben. Dafür sind diese oft attraktiver, als anderswo. Hier trifft sich alles, was gesehen werden will, und am Abend sollen jede Menge Harley Davidson Motor-räder vor der Tür stehen. Ich betrete das Café und werde sogleich von einer Service Hostess zu meinem Platz geleitet. Eine Warnung im Hardrock Café bringt mich allerdings zu Schmunzeln:**No drugs and nuclear weapons allowed inside!** Doch ich glaube, die Ermahnung ist nicht ganz ernst gemeint. Das Interieur ist klassisch mit viel dunklem Holz ein-gerichtet, und an den Wänden hängen viele Accessoires, wie Gitarren und signierte T-Shirts. Ein Blick in die Speisekarte, führt aber dazu, dass sich meine Pupillen schlagartig erweitern, denn die Preise sind ganz schön saftig. So bestelle ich nur eine Cola, für 130 Baht, und als besonderes Dankeschön, darf ich das Glas, welches mit dem Slogan **Hardrock Cafe** bedruckt ist, auch behalten. Das aufmerksame Servicepersonal wickelt es sorgsam in mehrere Lagen Papier ein, und so verstaue ich es in meinem Rucksack. Nach einem großzügigen Trinkgeld, verlasse ich die bekannte Institution, die es in jeder größeren Metropole gibt. Jetzt noch einen kleinen Ausflug zum Hauptbahnhof **Hua Lamphon,** denn von dort fahren die Züge auch in Richtung meiner Lieblingsinsel Ko Samui, und ich möchte mich mal nach den Abfahrtszeiten der Nachtzüge erkundigen. Zwar habe ich geplant, in diesem Urlaub Pattaya zu besuchen, aber ich bin mir da noch nicht ganz sicher und werde alles völlig spontan entscheiden. Also nichts wie hin zum Bahnhof! Ich betrete diesmal den BTS Skytrain Silomline und fahre in Richtung Endstation << Saphan Taksin>> An der Station <<Sala Daeng>> steige ich in die U-Bahn (MRT) um, die mich schnell und zuverlässig zu meinem Ziel bringt. Die Tickets für die U-Bahn sind schwarze Plastikchips, auf denen das Reiseziel gespeichert ist. Mit diesen Chips, ist erst das Betreten und Verlassen des Bahnsteiges möglich. Was mir dabei angenehm auffällt ist, dass sich am Bahnsteig eine Glasfront mit elektronischen Schiebetüren befindet. Diese automatischen Pforten, öffnen sich erst bei der Einfahrt der Triebwagen, und somit kann niemand unbeabsichtigt auf die Gleise fallen. Ein System, das sehr sicher ist und mich restlos überzeugt. An der Endstation, marschiere ich noch durch einen gefliesten Tunnel, an dessen Seiten mehrere Fotos hängen, die den aufwendigen Bau der U-Bahn dokumentieren. Der erste Triebwagen wurde mit dem russischen Transportflugzeug **Antonov** eingeflogen, alle weiteren kamen per Schiff. Unter der Anleitung deutscher Ingenieure, wurde die U-Bahn am 3. Juli 2004 fertiggestellt. Die Arbeiter, die am Bau des 20 Kilometer langen U-Bahn Netzes mitwirkten, erhielten umgerechnet nur 4 Dollar am Tag. Hersteller der Triebwagen ist, wie schon beim BTS Skytrain der deutsche Siemens Konzern. Am Hua Lamphong angekommen, schwirrt mir von so viel geballter Information der Kopf, und ich kaufe mir ein leckeres Würstchen im Bätterteigmantel, um die weitere Energiezufuhr sicherzustellen. Solche Leckereien sind in Thailand unglaublich günstig. Umgerechnet, zahle ich dafür gerade mal 70 Cent. Überhaupt gibt es im gesamten Bahnhof jede Menge Restaurants und Essensstände. Auch auf den Bahnsteigen! Dort warten die Züge, deren Dieselaggregate die Luft verpesten, denn die Strecken sind nicht elektrifiziert. Und fast jeder Personenwagen hat ein solches Aggregat, das dafür zuständig ist, dass die Klimaanlage reibungslos ihren Dienst versieht. Ich wandle ein wenig auf dem Bahnsteig umher, beobachte das bunte Treiben und gönne mir dann eine kleine Ruhepause auf einer hölzernen Bank. Plötzlich kommt ein zerlumpt aussehender Bettler auf mich zu, setzt sich neben mich und beginnt ungefragt, meinen Arm und meine Schulter zu massieren. Ich sage ihm laut, dass er dies gefälligst unterlassen soll. Doch als er meiner Aufforderung nicht Folge leistet, stehe ich schleunigst auf und gehe meines Weges, denn die Sache ist mir nicht geheuer. Mir ist bewusst, dass ein Thai aufgrund seiner Kultur und der sich gebietenden Höflichkeit, niemals einen Fremden anfassen würde. In diesem Fall, hilft es also, der Situation entweder aus dem Weg zu gehen, oder andere Reisende darauf aufmerksam zu machen, wenn einem seine Sachen lieb und teuer sind. Ich erkundige mich noch nach Fahrplänen, bevor ich völlig geschafft, von den Erlebnissen des Tages, in mein Hotel zurückkehre, wo ich auch sogleich die Klimaanlage aufdrehe und ermüdet auf meine Matratze falle.

Erholung in Pattaya

Am nächsten Morgen, wache ich ausnahmsweise mal ausgeschlafen und gut erholt auf. Es geschehen noch Zeichen und Wunder. Intuitiv, entscheide ich mich beim Frühstück, dass ich momentan nicht nach Ko Samui möchte, sondern zuerst das Seebad Pattaya besuchen will. Wie ich dort hinkomme, weiß ich bereits, und so bin ich bereits eine halbe Stunde später unterwegs zum Busbahnhof Ekkamai. Mit der lieb gewonnenen Hochbahn, düse ich in Richtung On Nut, und schon eine Station später, bin ich bereits an meinem Ziel. Ekkamai ist der Busbahnhof für alle Fahrten in den Osten, wie zum Beispiel nach Rayong, Ko Samet, Ko Chang und eben auch Pattaya. Ich löse lässig ein Ticket, für erstaunliche 89 Baht, und freue mich schon über den sehr günstigen Preis. Die ältere Thai Frau, die am Ticketschalter arbeitet, deutet mit dem Finger auf eine Bank, was wohl bedeutet, dass ich noch einige Zeit warten soll. Wie ich zuvor in einem Plan gelesen habe, fahren die Busse alle 30 Minuten in das bekannte Seebad. Ich habe mir gerade einen kleinen Snack und ein Wasser gekauft, als es plötzlich sehr hektisch wird, und die ältere Frau aus dem Ticketschalter herausstürmt, meinen Rucksack packt und mir damit wohl andeuten will, dass ich ihr schleunigst folgen soll. Es ist jedes Mal das Gleiche, gerade wenn man denkt, dass nun alles locker und relax abläuft, bricht das Chaos in seiner Reinform aus. Macht nix, ich springe quasi bei halber Fahrt in den Bus, während einer der Chauffeure meinen Rucksack in den Gepäckraum feuert. So ähnlich steigt man auch bei den Expressbooten ein, die auf dem Chao Praya River verkehren, geht es mir durch den Kopf. Fehlt noch die obligatorische Trillerpfeife, die der Mitarbeiter bei den Booten, für die An und Ablegemanöver verwendet, und die Busfahrt wäre perfekt. Aber na ja, egal, es geht nun endlich los. Drei Personen lungern im vorderen Bereich, beziehungsweise der Fahrerkabine herum: Der Busfahrer, ein Typ, der für das Einladen der Passagiere und deren Gepäck zuständig ist, und ein Mädchen, die vielleicht zum Vergnügen der Beiden mitfährt. Zumindest ist mir ihre Funktion bis jetzt nicht so ganz klar. Der Gepäcktyp, lungert liegend und mampfend auf der Motorabdeckung herum, die dick mit pinkem Velours gepolstert ist. Der Fahrer trinkt Kaffee aus einem Pappbecher, während das Mädchen eine grellbunte Pop oder Modezeitschrift liest. Dabei kichert und brabbelt die schräge Truppe, als gäbe es kein Morgen. An der Windschutzscheibe baumeln die glücksbringenden Blumengirlanden. Diese werden oft von Kindern an belebten Straßenkreuzungen verkauft. Ich denke daran, wie viel Abgase diese Kinder bei diesem mühseligen Geschäft einatmen müssen, und möchte nicht mit ihnen tauschen. Und Buddha fährt selbstverständlich auch mit. Natürlich nur als kleine Figur, die auf dem Armaturenbrett thront. Nun werde ich zum Zeugen eines seltsamen Spieles. Der Bus hält in Bangkok wirklich an jeder Ecke, um Passagiere zu oder aussteigen zu lassen. Das heißt, er stoppt manchmal nicht wirklich, sondern verlangsamt seine

Fahrt ein wenig, und während der Fahrer hupt, sprintet der Gepäcktyp hinaus, um die Fahrgäste einzusammeln. Etwa in der Art, wie es mir in Ekkamai auch passiert ist. So allmählich dämmert mir, dass ich einen Bus erwischt habe, der tatsächlich jedes Kaff abklappert. Was dabei besonders nervt ist, dass bei jedem längeren Stopp diverse Verkäufer den Bus entern, um den Reisenden ihre Waren feil zu bieten. So werden mir Modezeitschriften, verschiedene Speisen und eine Spendedose unter die Nase gehalten. Letztere ist für die Hilfe von Verkehrsopfern gedacht. Der Sammler zeigt mir auch gleich eine Mappe, die sehr drastische und blutige Hochglanzfotos enthält. Die furchtbaren Auto, Motorrad und Lastwagenunfälle, will ich gar nicht sehen, und die verstümmelten Unfallopfer noch viel weniger. Damit ich meine Ruhe habe, und diese grässlichen Bilder nicht länger ertragen muss, stecke ich einen zwanzig Baht Schein in die Dose. Doch schon wenig später, steigt schon wieder einer dieser Sammler in den Bus und lässt seine Mappe kreisen, um den Mitreisenden einen visuellen Schock zu verpassen. Eindrucksvoll, rasselt er dabei mit dem Spendengefäß, wohl darauf hoffend, dass sich die Geldbörsen öffnen mögen. Die meisten der Fahrgäste spenden auch schon wieder, ich nicht! Insgesamt darf ich diese Vorstellung, auf der Fahrt, drei Mal erleben. Das führt bei mir zu einer schleichenden Reizbarkeit. Nun wird mir klar, dass ich nicht den direkten Bus ausgewählt habe, der für die Fahrt nach Pattaya zwei Stunden braucht. Nein, ich wollte es wieder besonders preiswert haben und das ist nun die gerechte Strafe dafür, dass ich so knauserig bin. Insgesamt sind wir mehr als dreieinhalb Stunden unterwegs. Wir benutzen die Expresshochstrasse nur ein kurzes Stück, fahren wieder hinunter und eiern durch jeden, noch so kleinen Ort, den es so gibt. Als ich das Ortsschild von Chonburi zu Gesicht bekomme, keimt die Hoffnung wieder auf, Pattaya heute noch zu sehen. Dann ist es soweit, die Tortur hat ein Ende. Entnervt steige ich aus, und nehme in einem kleinen Straßenrestaurant Platz, um gebratenen Reis mit Huhn und einem Spiegelei zu essen. Dazu trinke ich das Wasser, welche mir in einem Krug mit Eis gereicht wird. Nachdem ich mich ein wenig entspannt und erholt habe, überquere ich die stark frequentierte Hauptrasse, indem ich eine Fußgängerüberführung benutze. Auf der anderen Seite, befindet sich ein sandiger, vermüllter Platz, auf dem eine Gruppe von Motorradtaxifahrern herumlungert. Da ich so einiges an Gepäck mit mir herumschleppe, frage ich einen dieser Gesellen nach einem Taxi mit vier Rädern. Doch die offiziellen Fahrzeuge, mit dem Schild Taxameter auf dem Dach, sind an dieser Stelle nicht zu bekommen. Aber die Thailänder verfügen über ein beachtliches Organisationstalent, und nachdem ich mich bereit erklärt habe, dreihundert Baht für die Fahrt zu meinem Hotel zu bezahlen, steht auch schon kurze Zeit später mein privater Chauffeur, mit einem schwarzen Toyota Pick-Up bereit. Ich möchte zum Pattaya-Bay-Resort, das zwischen Second Road und Soi Buakao, hinter dem neuen Einkaufszentrum Avenue liegt. Leider versteht mein Fahrer kaum Englisch, was die Fahrt un-

nötig verkompliziert. Nach einigem sinnlosen Herum-
kurven, erreiche ich aber doch noch mein Hotel und
kann endlich einchecken. 999 Baht in der Neben-
saison, für ein fast 28 Quadratmeter großes Appartement mit Kingsize Bed und Flatscreen, halte ich für
sehr angemessen. Das Hotel ist fast neu, sieht genau
wie auf der Homepage aus, und mit meinem Zimmer
bin ich sehr zufrieden. Es verfügt auch über einen
großen Kühlschrank und einen im Kleiderschrank
integrierten Safe. Ein Balkon, mit zusätzlichem
Waschbecken, ist ebenso vorhanden. Weniger schön
ist, dass ich von diesem direkt auf eine Wellblech-
arbeitersiedlung blicke, aber mit kleinen Minus-
punkten muss man immer rechnen. Wie der Safe
funktioniert, hat mir ein Mitarbeiter gerade erklärt,
aber überhitzt und müde, wie ich bin, lege ich Geld
und Passport hinein, schließe das Ding und kann es
danach nicht mehr öffnen. Gerädert und entnervt,
finde ich, dass es an der Zeit wäre, ein paar Bier in
mich hinein zu schütten. Auf dem Dach gibt es einen
Swimmingpool und ein Restaurant. Ein moderner
Fahrstuhl bringt mich fast lautlos dorthin, und ich
ordere drei kleine Singha Bier für knapp 300 Baht,
was zugegebenermaßen ganz schön teuer ist. Doch das
sind die Restaurantpreise und es ist mir egal, denn ich
brauche ganz dringend meinen Stoff. Man nennt es
auch Abhängigkeit und eine Runde im Swimmingpool
zu drehen, wäre eindeutig besser für meine Gesundheit. Ich lege mich erst mal faul und lässig auf eine
weiße Plastikliege, und öle meine ausgetrocknete
Kehle. Prima, kein Mensch ist hier, ich habe den

Swimmingpool und die Liegen ganz für mich alleine. Freie Auswahl ist angesagt! Leider ziehen am Himmel schon dicke schwarze Wolken auf, was sicherlich nichts Gutes verheißt. Na ja, aber das wusste ich bereits vorher und das ist auch normal, wenn ich in der Regenzeit reise. Aber meistens kommt nur ein heftiger Schauer am Nachmittag herunter, und dann ist der Spuk auch schnell wieder vorbei. Ich fixiere mit schon leicht starrem Blick den kleinen Swimmingpool, der über einen kleinen künstlichen Wasserfall verfügt, der von einer Mauer, die das Dach begrenzt, munter in das Becken plätschert. Dann fängt es unvermittelt an zu regnen, doch das macht mir nichts aus, denn ich will jetzt alkoholisiert schwimmen gehen. Was ich mir einmal vorgenommen habe, setze ich auch in die Tat um, und bei den tropischen Temperaturen, macht ein wenig Nass von oben gar nichts aus. Wenn man erst mal im Wasser ist, spürt man den prasselnden Regen sowieso nicht mehr. Die Thais, die sich im Restaurant verschanzt haben, blicken mich mit großen Augen ungläubig an. Nach acht Bahnen, habe ich genug, und unter dem Vordach des Lokals, finde ich die, für Schwimmgäste bereit gelegten Handtücher. Erfrischt, schaue ich noch kurz im siebten Stock vorbei und werfe einen Blick in das Fitnesscenter. Doch die Aus- wahl der Geräte, finde ich eher enttäuschend. Zwei Fahrradtrainer, ein Laufband, eine Hantelbank. Das Butterfly Gerät, mit dem ich meine Brustmuskeln trainieren könnte ist defekt. Der Seilzug ist gerissen. Da ich schon so eine Ahnung habe, wie lange Reparaturen im Königreich dauern können, rechne ich nicht mehr damit, dass dies noch während meiner Urlaubszeit geschehen wird. Tja, ich bin jetzt sowieso müde und begebe mich in den dritten Stock in mein Zimmer, um noch ein wenig zu relaxen, bevor die Abendaction angesagt ist. Punkt zwanzig Uhr, stehe ich ausgeruht und tatkräftig für alle Schandtaten bereit, und bekanntlich ist es in Pattaya auch überhaupt kein Problem, diese auch zu begehen. Angeblich sollen ja 30000 Mädchen und Frauen dem horizontalen Gewerbe nachgehen. Hmm, da müsste sich auch für mich etwas Nettes finden lassen. Unser Hotel bietet einen kostenlosen Shuttleservice in die Secondroad an, und diesen will ich nun auch nutzen. Ein weißes, verlängertes Tuk Tuk, mit zwei roten Sitzbänken für die Gäste, steht für mich bereit. Gut gelaunt, springe ich hinein. Es ist schon erstaunlich, wie jung ich mich plötzlich bei den tropischen Abendtemperaturen fühle. Die knatternde Fahrt zur Second Road dauert nur wenige Minuten, und schon befinde ich mich mitten im Bartrubel. Ein Etablissement reiht sich an das nächste, hier ist wirklich die Hölle los. Laute Live Musik, Bier Bars im Freien, Karaoke Bars, Massagesalons. Es gibt nichts, was es nicht gibt. Bevor ich nun ein Girl abschleppe, möchte ich mich in aller Seelenruhe erst mal umsehen. So schlendere ich an der „ **Good Everything Beer Bar**" vorbei, passiere die „Mike Shoppingmall", ziehe wieder an den unzähligen Bars vorüber, deren teils blutjunge Mädchen lautstark auf sich aufmerksam machen: „Where you go?", „Happy Hour", „Take a seat Mister" rufen sie mir zu. Doch ich möchte zuerst die nähere Umgebung erforschen, bevor ich mich genüsslich über wohl-geformte weibliche Regionen hermachen werde. Und so sehe ich bei meiner kleinen Exkursion das <<**Royal Garden Plaza**>>, ein ebenfalls sehr großes Einkaufs-zentrum, in dessen oberstem Stockwerk sich das be-kannte <<**Ripleys Believe it or Not**>> befindet. Diese Institution kann man als Vergnügungs und Kuriosi-tätenmuseum bezeichnen. Ich biege in die Soi 13 ab, in der sich jede Menge Go-Go-Bars angesiedelt haben und lande schließlich in der **Soi 2 Pattayland**, die das berühmt, berüchtigte **Penthouse Hotel** beherbergt. Das Hotel wird auch gerne als <<Pattaya Disneyland für Erwachsene>> bezeichnet, denn es verfügt über sehr originelle und fantasievoll eingerichtete Zimmer. Sündige Namen, wie <<Babylon Suite>>, lassen schon darauf schließen, wie man sich hier wohl ver-gnügen kann. So gibt es in den Räumen verspiegelte Decken, Tanzpodeste, kleinere Whirlpools, Liebes-schaukeln und Betten, die für bestimmte Aktivitäten leicht erhöht wurden. Hier kann Mann sich perfekt vergnügen, mit einem oder mehreren Girls. Er kann gegen eine Extra Hotel Gebühr Mädchen mitbringen, oder er entscheidet sich gleich für die hübschen Girls aus dem angeschlossenen <<**Kitten Club**>>, die natürlich eine Kleinigkeit kosten, aber für die man wenigstens keine <<Extra Fee>> bezahlen muss. Mit diesen kann man sich es auch in dem stimmungsvoll beleuchteten großen Whirlpool und der Badeland-schaft bequem machen. Sogar Privat Partys sind mög-lich. Dann hat Mann den Pool, und Teile des weib-lichen Inventars, zur freien Verfügung. Das kostet natürlich auch wieder eine Kleinigkeit, dürfte aber wohl eine bleibende Erinnerung hinterlassen.

Pfeifend marschiere ich weiter, als ich erschreckenderweise feststellen muss, dass ich mich im falschen Film befinde. Die Nutten sehen urplötzlich so anders aus, haben ganz schön markante Gesichtszüge. Huch, das sind ja Männer! Tja ja, das gibt es hier in Pattaya auch, denn ich bin unbeabsichtigt in der <<**Boyz Town**>> gelandet. Also schnell weiter in Richtung Beachroad und von dort zur Walkingstreet. Diese wird ab 18 Uhr für den Verkehr gesperrt und dann steppt hier der Bär. Mit der Reeperbahn in Hamburg, ist sie überhaupt nicht zu vergleichen. Die ist nur ein müder Abklatsch dagegen. Über dem markanten Eingang zur **Walkingstreet,** hängt seit neuester Zeit ein überdimensionaler Flatscreen, der entweder Werbung oder Fußballspiele überträgt. Unmittelbar nach dem Eingang, befindet sich linkerhand die **Diskothek Walking Street**, in der man nach Mitternacht jede Menge <<Freelancer>>, also Freischaffende finden kann. Die findet man auch in anderen Etablissements, aber die Bierpreise finde ich hier sehr angemessen. Für mich, ist das verständlicherweise ein sehr überzeugendes Argument. Ich werde von der Menschenmasse weitergeschoben, denn die sündige Meile pulsiert und brodelt nur so von überschäumender Lebensfreude. Die extravagante Neonstraße ist ein „Must See" in Pattaya. Eventuell etwas zu touristisch, aber man muss sie einmal mit eigenen Augen gesehen haben.

Die Intensität der Musik, und die Lautstärke, die aus den unzähligen Bars und Go-Go-Clubs schallt, erschlägt mich förmlich, denn jede einzelne möchte mich als Kunden gewinnen. Dezibel Begrenzung? Fehlanzeige! Ein Feuerwerk an flimmernden und psychedelisch blinkenden Lauflichter blendet mich, und ich habe das Gefühl, als würde ich bereits mitten in einer Disco oder in einem Nachtclub abtanzen.. Doch gerade diese Atmosphäre ermutigt mich, tiefer in die verruchte Straße vorzudringen. Ich sehe Menschen aller Nationen und die wildesten und knappsten Outfits. Eine Schwalbe der Nacht, läuft mit einem rosa T-Shirt herum, auf dem in weißen Lettern <<Short Time>> steht. Sechzigjährige in Begleitung von zwei zwanzigjährigen Augenweiten, sind hier keine Seltenheit. Vor den berühmten Go-Go-Schuppen, wie zum Beispiel dem **Polo Entertainment** oder dem **Dollhouse**, stehen kleine heiße Hostessen mit rot weiß karierten Lolita Röcken, die den männlichen Trieb anregen, und zum Eintritt animieren sollen. Um die Vorzüge des jeweiligen Vergnügungstempel besser herauszustellen, strecken sie große Pappschilder in die Höhe, auf denen die Highlights wie: „ Many New Girls", „Happy Hour" oder „Pattaya Biggest Playground for Adults" in dicken Lettern geschrieben stehen. Es gibt aber nicht nur Bars und Go-Go-Läden in der Walkingstreet. Nein, auch jede Menge Restaurants, Coffee Shops, Juweliere, Schneider und Internetcafés, haben sich hier angesiedelt. Zu empfehlen sind die vielen Seafoodrestaurants, denn direkt rechter Hand der

Street, liegt das Meer und man kann auf einem Pier dort hinauswandern und vorzüglich speisen. Lächelnd spaziere ich weiter, sehe die **Lucifer Discothek** und einige Meter später den Marine Tanztempel. Doch es ist noch viel zu früh zum Abzappeln. Später am Abend oder in den nächsten Tagen, werde ich hier mal reinschauen, denn beide sind für dafür bekannt, dass dort viele **Freelancer** auf Kundenfang gehen. Doch fürs erste, setze ich meinen kleinen Rundgang fort und mir fällt die **V20 Bar** auf. Sie ist ein neues Gimmick, allerdings eine Bar ohne Bargirls, was ich doch recht bedauerlich finde. Dafür bietet sie aber eine coole Lounge mit chilliger Musik und relaxter Atmosphäre. Der besondere Clou ist jedoch, dass ein separat geschlossener Raum auf −18 Grad heruntergekühlt ist. Am Eingang werden den Besuchern Winterjacken gereicht, und die Bartheke in Inneren besteht komplett aus Eis. Brrrrr!!! Da schüttelt es mich! Ich persönlich muss das nicht unbedingt haben. Nein danke! Ich verzichte auf den Kälteschock. Ein hübsches Mädel im Bett, das mich angenehm wärmt, und mit der man aufregende Sachen anstellen kann, ist mir da allemal lieber.

Ich biege in die **Soi Lucky Star** ein und lasse mich in der berüchtigten JP Bar nieder.JP ist eine Late Night Bar, in der man wiederum viele Freelancer finden kann. Angeheitert, bestelle ich ein eisgekühltes Singha Bier und lasse es mir schmecken, während ich all die Girls beobachte, die noch keinen Kunden für die Nacht gefunden haben, und die an der Bar vorbeiziehen, auf der Suche nach einer Begleitung für die

Nacht. Viele kommen auch direkt in die Bar und lassen sich an den Nebentischen nieder. Doch an meinem ersten Abend im Seebad Pattaya, möchte ich das bunte Treiben zuerst beobachten, damit ich mir nur die Juwelen herauspicken kann, denn ein wenig anspruchsvoll bin ich schon. Deshalb leere ich mein halb volles Singha mit einem kräftigen Zug, bezahle die Rechnung und setze meinen Rundgang fort. So mache ich noch einen kurzen Abstecher zur Soi 16, wo mir der **Club Boesche** und die **Go-Go-Bar Catz** im Covent Garden Complex auffallen. Ein großes Schild preist <<Short Time Rooms>> für 300 Baht an. Hier kann man sich mit seiner Liebsten für ein Schäferstündchen zurückziehen. Dann wechselt die Soi 16 ihr Gesicht, und ich stehe plötzlich in einem Abschnitt, der unter dem Namen **Arab Quarter** bekannt ist. Wie der Name schon verkündet, vergnügen sich hier viele Araber und haben ihren Spaß. Viele Geschäfte sind auf die Bedürfnisse der Araber abgestimmt, und einige der Läden werden sogar von Arabern geführt. Überall stehen Motorräder so eng beisammen, wie eine verdammte Heuschreckenplage. Zwischen den einzelnen Maschinen ist nicht eine Handbreit Platz. Ich ziehe weiter meines Weges, laufe über die Soi BJ und Soi Happy, wo es viele offene Bierbars gibt, zur bekannten **Soi Diamond**. Hier gibt es eine Karusellbar, die sich , wie der Name schon vermuten lässt im Kreise dreht. Sollte man also auf die glorreiche Idee kommen, hier sein Bier trinken zu wollen, sollte der Alkoholpegel nicht zu hoch ausfallen. In der Soi Diamond gibt es noch den **Shark**

Club und den **Insomnia Gentlemans Club**. Es fallen mir noch einige kleinere Hotels, wie das <<Diamond>> auf, und ich frage mich, wer denn hier mitten im Trubel wohnen will? Doch den hartnäckigen Bargängern und Go-Go-Fans, gefällt wahrscheinlich gerade das. Nachdem ich durch die <<Arcade Diamond>> gelaufen bin, erreiche ich wieder die Second Road, laufe ein Stück zu Fuß, und nehme dann ein Pick-Up Taxi und fahre ein Stück zurück, in Richtung <<Dolphin Kreisel>>. Nach ungefähr einem Kilometer, betätige ich die Klingel, steige aus und zahle zehn Baht. Eine Bar, mit Live Musik, am Straßenrand hat es mir angetan, und spontan, habe ich mich für einen Besuch entschieden. Kaum habe ich die Location betreten, bemerke ich, dass hier jede Menge Girls wie Hühnern auf der Stange sitzen, und dass außer mir nur noch zwei andere Farangs anwesend sind. Na klar, es ist Low Season! Um so besser für mich, denn das heißt freie Auswahl und weniger Konkurrenzdruck! Die zwei anderen sind ebenfalls Vergnügungssüchtige aus <<Good Old Germany>>, und so kommen wir ins Gespräch. Gerhard stellt mir eine Lady vor, mit der er mal **Short Time** war, ihr Name ist Noi. Passend dazu meint sie:"I speak Englisch very little" „Englisch Nit noi (ein bisschen). Ich begutachte Nois Figur und stelle zufrieden fest, dass sie genug Holz vor der Hütten hat, und dass auch ihr Po sich durchaus sehen lassen kann. Sie trägt einen funkelnden Nasenstecker, aber ihr Mund ist ganz schön breit. Was sie damit wohl alles anstellen kann? Von der zurückhaltenden Sorte ist sie auch nicht gerade! Leider gebe ich immer den Ruhigeren den Vorzug, und links neben der Bar sitzt ein Mädchen mit einem weißen Stretchrock, langen lockigen Haaren und einem blauen Top mit weißen Sternchen. Die hockt da so vereinsamt herum, dass ich sie einfach ansprechen muss. Aber erst mal wegkommen, denn die gute Noi, erzählt mir bereits ihre gesamte Lebensgeschichte. Nach jedem zustande gebrachten Satz, kommt das mir schon bekannte:"I speak Englisch Nit noi!" Ich muss hier weg! Aber wie? Jetzt stellt mir Noi auch noch eine Freundin vor, die zufälligerweise heute Geburtstag hat! Sehe ich aus, als hätte ich die Spendierhosen an? Aus Frust, und weil ich nicht unhöflich sein will, bestelle ich bereits das vierte Bier. Dann kommt mir der rettende Einfall. Ich gehe einfach auf die Toilette und auf dem Rückweg, setze ich mich zu dem Mädchen, die keine Freundinnen hat, was eigentlich sehr sehr seltsam in Thailand ist. Was ich einmal plane, das setze ich auch sofort in die Tat um. Und siehe da, schon wenig später schlürfe ich einen Cocktail mit Miss Om. Miss Om spricht auch nicht viel! Na ja, das sollte mich im Bett nicht stören, vielleicht quiekt sie ja, so kurz vor dem Orgasmus? Eventuell ist sie aber auch eine von der Sorte, die nur da liegen, und nicht mal das Handtuch ablegen wollen? Und das Ganze womöglich im stockdunklen! Tja, ich werde es wohl herausfinden müssen, und so checke ich schon mal ihre Preisvorstellungen. Die sind im Rahmen, allerdings will sie nur Shorttime gehen, und das habe ich mir so eigentlich nicht vorgestellt. Om will nach Mitternacht noch auf eine

Geburtstagfeier. Vorsichtig frage ich, ob die Möglichkeit besteht, dass sie nach dem Ende der Sause noch mal im Hotel vorbeischaut, so für <<**Good Morning-Girlfriend-Kuschelsex?**>> Sie wackelt mit dem Kopf, was ich als ein Ja interpretiere, und so willige ich zuerst für <<Shorttime>> ein, was mich fünfhundert Tacken bzw. Baht kosten wird. Nun fackle ich nicht mehr lange, zahle die dreihundert Baht Barauslöse für die Gute, und schleppe meine Beute Händchen haltend ins Hotel. Dort gibt es wieder die schon bekannte Prozedur mit der ID Card, was ja nur meiner Sicherheit dient, und kurz darauf sitzen wir schon auf meinem Balkon. Vor uns steht die geöffnete Sangsom und eine Cola Flasche, und der Mix von beidem schwappt schon in unseren Gläsern. Wenn mir jemand nicht vertraut ist, muss ich immer ein wenig mehr trinken, als es mit gut tut. Ich checke mal ein bisschen ab, für was sie so bereit ist:"Do you smoke? (wobei ich garantiert nicht rauchen meine!!!) frage ich, und die Antwort kommt ein wenig zu leise, lautet aber:,,Yes Sir", was mich ungemein beruhigt, denn ohne Vorarbeit fällt es mir nicht so leicht das Kondom überzuziehen." You like Doggy Style?" „Yes" No pobleem! "You like 69?, Yes! Okay gebongt, wir können loslegen. Arribbaa!! Whiskey, und die Vorfreude, auf die nun folgende Bettenakrobatik, haben mich schon ganz horny gemacht, und Om kümmert sich sehr fürsorglich um mein bestes Stück.

Hingebungsvoll, verschlingt sie hungrig meinen Freudenspender, und ihre vollen Lippen üben mit einem saugenden Auf und Ab den nötigen Druck aus, der mir die erhofften Glücksgefühle beschert. Das ist wie Weihnachten. Nur wesentlich besser und vor allen Dingen auch entspannender. Dann nestelt die Flötöse das Kondom aus der Verpackung und rollt es gekonnt über meinen magischen Zauberstab. Hokus, Pokus, Fidipus nun ist mit dem Vorspiel Schluss. Hart aber herzlich, dringe ich in ihr rasiertes Lustzentrum ein, was meinen altersschwachen Bandscheiben nicht besonders gut bekommt. Doch Om versteht ihr Geschäft und unterstützt meine zustoßenden Bewegungen, indem sie mir ihre Vulva heftig kreisend entgegenpresst. Na also, geht doch! Ich habe es gewusst! Stille Wasser sind tief und in diesem Falle äußerst sexbegabt. Schon seltsam, ihre Wirbelsäule scheint aus Gummi zu sein, denn das Hohlkreuz, dass sie beim freudigen entgegen pushen macht, setzt schon eine gewisse Gelenkigkeit voraus. So kann man es aushalten im Paradies Thailand! Guter Sex, scharfes Essen, frei verkäufliche Potenzmittel, was will man(n) mehr? Na ja, zum Beispiel möchte ich die gute Om noch weiter stimulieren, damit ich die, jetzt schon heftigen Kontraktionen, ihrer Vagina noch steigern kann. Der Schweiß rinnt mir schon in kleinen Bächen meinen Rücken hinab, doch all zu sehr, muss ich mich nicht mehr bemühen, denn Om ist ein Naturtalent, verdreht schon die Augen, und ich kann spüren, dass sie gleich abgehen wird, wie eine platzende Rakete. Zuvor wechseln wir jedoch noch einmal die Stellung, denn ich liebe knackige weibliche Hintern, und Om kann auch hier Pluspunkte sammeln, denn auch Doggy Style scheint ihr Metier zu sein, und die Art und Weise, wie sie ihren zierlichen Po kreisen lässt, das hat schon was. Unwillkürlich, habe ich die Assoziation zu einem Pornostar mutiert zu sein. Ob ich mal meine Handykamera einschalten soll? So als bleibende Erinnerung? Ich lasse es lieber bleiben! Man weiß ja nie, ob es den Mädels gefällt, oder ob sie sich plötzlich ertappt fühlen und sich in wütende, kreischende Hyänen verwandeln, die dann auch nicht davor zurückschrecken mit den Einrichtungsgegenständen des Zimmers um sich zu werfen. Habe ich schon erlebt und das muss ich nicht mehr haben!

Wir steigern uns peu a peu zu leidenschaftlicher, wilder Ekstase, und die ansonsten ruhige Om, kommt so gewaltig und gnadenlos, wie ein Rollkommando, und ihr multipler Orgasmus führt dazu, dass auch ich mich nicht länger kontrollieren kann. Im entfesselten Rausch der Leidenschaft, stöhnen wir fast gleichzeitig auf, und umgehend werden wir mit dem Gefühl der absoluten Entspannung belohnt. Ich fühle mich völlig gelöst, und relaxt sinke ich in die weichen Kissen zurück, doch meine so begabte Thai Maus hat es plötzlich ziemlich eilig und möchte auf ihre Birthday Party. Na ja, soll sie doch gehen, ich hatte ja meinen Spaß, und Geld sparen kann ich so auch noch. Ich drücke ihr einen fünfhundert Baht Schein in die Hand und mir ist schon sonnenklar, dass sie nicht mehr zurückkommen wird. Stört mich das? Nein nicht wirklich!

Kurz nachdem sie durch die Tür verschwunden ist, erhalte ich den Kontrollanruf der Rezeption, denen ich versichere, dass alles in bester Ordnung ist. Mit halb geschlossenen Liedern, lasse ich die Ereignisse des Tages Revue passieren und schon wenig später, schlafe ich tief und fest wie ein Baby.

Jomtien Beachroad

Putzmunter, gut gelaunt und voller Tatendrang, sitze ich beim Frühstück und verspachtele ein Omelett mit Tomaten, Zwiebeln und Bratkartoffeln. Optionen, was man in Pattaya so alles unternehmen kann, gibt es mehr als genug. Ich entscheide mich für einen Spaziergang am Strand, der auch Beachroad genannt wird. Ich freue mich schon darauf, einen prüfenden Blick auf die leichten Mädchen zu werfen, die natürlich auch dort, am helllichten Tage, auf ihre Kunden warten. Mal sehen, ob ich Lust habe mein Netz auszuwerfen. Oft sind ein paar niedliche Sahnestückchen mit dabei. Alles eine Frage des Preises, des Angebotes und der Nachfrage!

Mit dem hoteleigenen Tuk Tuk, lasse ich mich zur Second Road bringen und laufe durch eine schmale Gasse zur Beach Road. Kaum bin ich an der Strandpromenade angelangt, werde ich auch schon angesprochen. Leider nicht von einem Mädchen, das einen Customer zum Poppen sucht, nein es ist eine dieser aufdringlichen, nervigen Appartement Verkäuferinnen, die mich zu einer kostenlosen Veranstaltung einladen will. Dankend, wimmle ich sie ab, wie eine lästige Fliege. Die Ahnungslosen, die auf diesen Mist hereinfallen, werden regelrecht übers Ohr gehauen. Meist werden sie zu einem Gewinnspiel überredet und anschließend zu einer Veranstaltung nach Jomtien abgeschleppt, wo man ihnen einen Time-Sharing Vertrag auflabern möchte. Die Mädels kassieren dafür auch noch fünfhundert Baht Kopfgeld! Das braucht nun wirklich kein Mensch! Von dem lästigen Ballast befreit, schlendere ich gemütlich weiter, und kaufe mir an einem mobilen Stand einen kleinen Orangensaft in einer Plastikflasche. Kaum, dass ich davon gekostet habe, spucke ich das widerlich schmeckende Gesöff wieder aus. Frisch gepresster Orangensaft schmeckt wahrlich anders. Die Verkäuferin muss die Flasche mit einem chemischen Mittel gereinigt haben, oder der Saft ist anderweitig verunreinigt. In einem unbeobachteten Moment, werfe ich das Getränk in ein Gebüsch. Sicher, ich könnte nun mein Geld zurückfordern und mich auf unendliche Diskussionen einlassen, aber es handelt sich nur um zwanzig vergeudete Baht. Damit kann ich leben, und genieße lieber die schöne Aussicht, und lasse den Ozean auf mich wirken. Während ich Eis schleckend, die palmengesäumte Promenade dahinschlendere, und die Dutzende von Speedbooten bewundere, die zufrieden schaukelnd in der Bucht ankern, kann ich mir den einen oder anderen Blick auf die „Streetworkerinnen" nicht verkneifen. Eine besonders junge und hübsche Tagschicht Arbeiterin, erregt mit ihrem rot weiß gestreiften Kleid meine Aufmerksamkeit. Sie sitzt mit übereinander geschlagenen Beinen, zusammen mit ihren Freundinnen auf einer Steinbank. Kichernd mampfen sie kleine Pinienkerne, und zuvorkommend bieten sie mir, dem Farang, auch welche an. Meine kleine Süße heißt Geng, und ich finde sie einfach umwerfend. Sie punktet mit strahlend weißen Zähnen, leuchtend braunen Augen und einer niedlichen Stupsnase. Was für eine süße Maus. Die Fingernägel sind dezent lackiert, und sie trägt große silberne Ohrringe. Ein kleines Tattoo, lugt in Höhe des rechten Brustansatzes über den Saum des Kleides hinaus. Doch ich kann das Motiv noch nicht erkennen. Auch von den schönen geschwungenen Augenbrauen, bin ich restlos begeistert. Alles ist in sich stimmig, und sie passt perfekt in mein Beuteschema. Na dann sollte ich wohl mal zuschnappen. Da ist nur das kleine Problem, dass ich Jürgen, meinem Hotelmitbewohner versprochen habe, dass wir am späten Nachmittag zum Schwimmen nach Jomtien fahren, und nach der vorherigen Erfahrung mit dem stillen Wasser Om, möchte ich die niedliche Geng eigentlich vorerst auch nur Shorttime auslösen. Doch ihre offene, ent- waffnende Art macht meine Pläne sogleich zunichte, und ich lasse mich von dem göttlichen Geschöpf dazu breitschlagen, sie doch für eine längere Zeitspanne, sozusagen als Time-Sharing-Modell mitzunehmen. Dem perfekten Deal, folgt die Tat, und mit Geng im Schlepptau, winke ich mit meiner freien Hand eines der günstigen Pick-UP Taxis heran. Wir zuckeln zu meinem Hotel zurück, in dem ich mich mit dem rund- lichen Jürgen treffen will. Mein Nachbar sitzt schon in der Lobby und wirft mir einen erstaunten und gleich- zeitig unsicheren Blick zu, als ich dort mit meiner neuen Eroberung auftauche. Das muss man verstehen, Jürgen ist ein Pattaya Neuling und ein wenig schüchtern. „Na denn mal los", rufe ich fröhlich und hoffe, dass ich <<**Mr. Kugelbauch**>> ein wenig auf- tauen und ihm die Scheu nehmen kann. Etwas unbeholfen, watschelt er auf die nichts ahnende Geng zu, und streckt ihr seine stark behaarte Hand entgegen. Meine Angetraute erwidert seine Begrüßungsgeste, in dem sie ihr zierliches Händchen in seine Pranke legt. Sie kann sich wahrscheinlich glücklich schätzen, dass bei dieser kurzen Zeremonie nichts Schlimmeres passiert ist, und auch ich bin froh, denn ihre langen, schlanken Finger werden heute noch für andere, aufregendere Aktivitäten benötigt.

Kurze Zeit darauf, sitzen wir zu dritt im Pick-Up und es geht in stockender Fahrt in Richtung Jomtien Beach. Der Straßenverkehr ist mal wieder die reine Hölle. An jeder Kreuzung, an der wir stoppen, werden wir von laut knatternden Mopeds eingekreist. Pkw und Lastwagen, blasen uns ihre heißen, stinkenden Abgase in das Gesicht. Einmal müssen wir in ein weiteres Taxi umsteigen, ich sehe den Pattaya Waterpark Tower an mir vorbeirauschen, dann sind wir auch schon da. Irgendwie bietet sich mir ein ähnliches Bild, wie zuvor am Pattaya Strand. Okay, der Jomtien Beach ist ein wenig breiter und sauberer, aber auch hier stehen die Liegestühle und Schirme dicht an dicht. Zum Glück sind jetzt in der Low Season nicht so viele Besucher da, dafür geben die riesigen Condominiums im Hintergrund eine weit weniger romantische Kulisse ab. Nun gut, um Romantik zu erleben, bin ich ganz sicherlich auch nicht in das Seebad gefahren, aber ein palmengesäumter, strahlend weißer Strand, wie es ihn noch auf vielen Inseln gibt, ist mir schon noch einiges wert. Deshalb spiele ich auch mit dem Gedanken, in den nächsten Tagen meiner Lieblingsinsel Ko Samui einen Besuch abzustatten. Sicher bin ich mir noch nicht, denn ich habe ja gerade mein Goldstückchen gefunden. Halt, wie kann ich das denn sagen, das muss sie mir doch erst beweisen, ob sich meine Investition auch lohnt, und richtig Bescheid, weiß ich wohl erst nach der heutigen gemeinsamen Nacht.

Wir mieten uns drei Liegestühle, was uns ungefähr 90 Baht kostet, und einer Strandverkäuferin kaufen wir frische Riesengarnelen mit scharfer Chilisoße ab. Sie schmecken köstlich, nach Meer, nach Unabhängigkeit. Was für ein herrliches Gefühl wieder im <<Land der Freien>> zu sein. Ein Zustand, den ich immer wieder erleben will, Jahr für Jahr aufs Neue. Ich krieg den Hals nicht voll genug! Ich habe mir mein farbenfrohes Strandlaken über den Bauch und den schon zuckenden Unterleib gelegt, und meine Geng macht sich unter diesem, an meinem, schon leicht erregten Freudenspender zu schaffen. Jürgen bekommt die Wurzelbehandlung nicht mit, denn er ist ein Fotofan, und mit seiner teuren Spiegelreflexkamera, ist er vollauf damit beschäftigt Fotos vom Strand, und den badenden Thais zu schießen. Ich sag ja immer, jedem das Hobby, das er verdient. Ich wüsste schon, für welchen Spaß man die Kamera noch einsetzen könnte. Gengs Zunge hat sich in meinen Mund verirrt, und ihr Kuss ist leidenschaftlich und fordernd. Er regt meine Blutzirkulation mächtig an, und ich muss höllisch aufpassen, dass ich mit dem bunten Laken kein Zelt baue. Elektrisiert, beobachte ich abwechselnd meine Geng, deren Kopf mittlerweile unter dem Tuch völlig verschwunden ist, und dann wieder das Meer und die Szenerie, die sich mir bietet. Der Wellengang ist heute ziemlich beachtlich. Die heranrollenden Brecher versprühen beim Auftreffen auf den Strand weiße Gicht. Uhhh! Eine sehr schlechte Assoziation! Auch mein Körper ist schon kräftig in Wallung geraten, nicht nur das Meer, und wenn ich mich nicht kontrolliere, dann gibt es jetzt gleich ein kleines Unglück, und die gute Geng wird sich böse verschlucken. Uups! Da ist es auch schon passiert! Die Kleine ist ihr Geld wirklich wert! Hut ab! Alle Achtung! Auf dem Tisch steht glücklicherweise ein Fläschchen Mineralwasser, und mein Mäuschen kann ihr Schleckermäulchen säubern. Okay, Fotofan Jürgen hat es nun mitbekommen, und sein Blick wirkt leicht entsetzt. Was denn? Ich hab nichts getan! Ich wasche meine Hände in Unschuld! Bin nur den Reizen der holden Weiblichkeit erlegen! Wer kann sich da schon wehren?

Nachdem die scharfe Geng wie frisch aus dem Ei gepellt aussieht, und auch meine Badeshorts einigermaßen gesäubert sind, zieht es uns beide ins Meer, um dort noch etwas mehr Sanuk zu haben. Wie zwei kleine Kinder, tollen wir in den beachtlichen Brechern herum und haben unsere diebische Freude. Ich sag ja immer Thailand und der Sex halten jung!

Zwei junge Thai Girls, baden mitsamt ihren Kleidern in einem alten Lastwagen Schlauch. Am Horizont, gehen zwei Gleitschirmflieger ihrem schönen Hobby nach, während neben uns ein Thai Daddy seinen kleinen Sohn quält, der sichtlich Angst vor den Riesenwellen hat, und partout nicht in einem Schlauch sitzen, und Wasser schlucken möchte. Die Thai Mama sieht hilflos zu, und unterdessen schreit der Kleine so herzzerreisend, als würde er gleich auf das Schafott geführt. Da sieht man es mal wieder. Macho Gebaren in vollendeter Reinkultur! So sind sie, die thailändischen Männer!

Die Sonne geht nun langsam unter und für uns drei Amüsierjunkys, ist es an der Zeit in das Zentrum von Pattaya zurückzukehren. Der Gedanke wird unverzüglich in die Tat umgesetzt, und fünfzehn Minuten später, befinde ich mich mit Geng im Big C Einkaufszentrum. Jürgen ist schon zum Hotel gefahren, doch wir Beide müssen noch günstige Alkoholika und Kondome für die Nacht besorgen. Letztere in meiner Größe zu finden stellt sich als fast unlösbares Problem heraus. Doch ein anschließender Besuch in der Pharmacie schafft Abhilfe, und dort erwerbe ich auch noch ein Viererpack der berühmten <<Blauen Diamanten>> Somit ist alles gebongt und für die Dunkelheit ist ausreichend vorgesorgt. Dem ausgelassenen Spaß, steht damit nichts mehr im Wege! Doch zuvor, will meine hübsche Mietfrau noch tanzen gehen, denn die Mädchen lieben Spaß, den sogenannten <<Sanuk>>. Kann man es ihnen verdenken. Nein, auch ich bin kein Kind von Traurigkeit und von feuchtfröhlichen Partynächten mehr als angetan. Noch mal schnell an Jürgens Zimmertür geklopft, doch **Mister Kugelbauch** will nicht mehr mitkommen. Kann ich vollauf verstehen, denn ich möchte an seiner Stelle auch nicht das dritte Rad am Wagen sein. Also ziehen wir ohne ihn los, und unsere erste

Station ist die Diskothek <<Walkingstreet>>, gleich ein paar Meter links, neben dem Haupteingang zur gleichnamigen Amüsiermeile. Der Laden gefällt mir sehr gut, jede Menge Freelancer, mit gewagten sexy Outfits, tummeln sich an der Bar und auf der Tanzfläche. Ob Geng wohl etwas das dagegen hat einen Dreier auszuprobieren? Die benötigten Dopingmittel habe ich ja vorrätig! Doch schnell verwerfe ich diesen aufregenden Gedanken wieder, denn wenn es sich nicht um eine Freundin von Geng handelt, kann man vorher leider nie wissen, ob das Gespann auch harmoniert! Somit werde ich mich heute Nacht mit meinem auserwählten Zuckermäuschen amüsieren, und das sie es drauf hat, konnte sie mir eindrucksvoll schon heute Mittag unter Beweis stellen. Zu rasend schneller Elekromucke, zucken unsere schweißnassen Leiber im flackernden Stroboskoplicht. Girls in superknappen, zerfransten Hotpants, bei einer kann man sogar den Ansatz ihres String Tangas erkennen, tanzen wie enthemmte, wild gewordene Bienen auf der Suche nach dem Nektar für die Nacht. Diesem Anblick kann mit Sicherheit kein Mann widerstehen, doch die **Freelancer** haben trotzdem schlechte Karten, denn es ist **Low Season,** und die käuflichen Mädchen sind in der Überzahl! Um so besser für das Häufchen beneidenswerter Mannsbilder, die sich in die Disco verirrt haben, denn sie haben die freie Auswahl. Und das alles ohne den bekannten Konkurrenzdruck, den man aus deutschen Dissen halt so kennt. Was für Glückspilze! Bingo! Das ist schon fast wie ein Lottogewinn! Doch ich selbst, habe auch einen Volltreffer gelandet, denn die heiße Geng zieht die Blicke der anwesenden Männer förmlich an, doch sie gehört mir ganz alleine. Niemand anders wird das Bett mit ihr teilen. Das werde ich unter keinen Umständen zulassen, dass mir ein anderer Typ dieses Geschenk des Himmels ausspannt. Ich muss Geng nicht lange dazu überreden, noch einen weiteren Tanzschuppen zu besuchen, und so landen wir wenig später in der Zappelhalle Lucifer. Gleiches Bild, wieder jede Menge Freelancer, aber wir werden sogleich genötigt, überteuerte Getränke zu konsumieren. Zweihundert Baht für ein Singha Bier sind schon eine Zumutung, und da ich keine Lust verspüre eines zu trinken, werde wir wenig später von dem freundlichen Personal an die Luft gesetzt. Lucifer, der Name ist wirklich Programm! Und das im wahrsten Sinne des Wortes. Die Deckenverkleidung dieses Tanztempels ist aus Pappmachee, und falls diese mal Feuer fängt, wird das Gleiche passieren, wie Anfang des Jahres im Nachtclub **Santika** ein Großbrand mit Hunderten von Toten! Gut, dass wir rausgeflogen sind! Ein Blick auf meine gefakte Breitling Uhr verrät mir, dass es schon weit nach drei Uhr in der Nacht ist, und so bewege ich Geng dazu, langsam den Heimweg anzutreten. Wir schnappen uns einen gut gefüllten Pick-Up, und schon wenig später, turteln wir angeheitert durch das Treppenhaus meines Hotels. Ein Blick aus einem Treppenhausfenster zeigt uns, die das Hotel umgebende Mauer, die Eindringlinge fern halten soll. Damit dies auch gelingt, wurden auf der Maueroberseite die Scherben von zahlreichen Bierflaschen eingemauert. Der Dieb, der hier rüberklettern will, wird nicht mehr lange Freude an seinem Leben haben, denn die Aktion wird ziemlich blutig enden. In Deutschland wären solche Sicherheitsvorkehrungen undenkbar! Aber dort sind wir nun mal gerade nicht, und darüber bin ich auch sehr froh, denn in **Good Old Germany**, würde ich mit an Sicherheit grenzender Wahrscheinlichkeit, auch alleine ins Bett gehen. Ruckzuck, stehen wir vor meiner Tür und nach zweimaligem Versuch, schaffe ich es tatsächlich diese zu öffnen, und mein Kingsize Bett erwartet uns schon, zum intensiven erotischen Nahkampf. Dieser Einladung können wir nicht widerstehen, und finden uns alsbald, sämtlicher Kleidung beraubt, auf demselbigen wieder. Geng lässt sich nicht lumpen, und mit ihren Lolitalippen, bearbeitet sie genüsslich mein schon erigiertes Heiligtum. Ihren Schmollmund und ihre flinke Zunge, setzt sie außergewöhnlich geschickt ein, lässt meinen Zauberstab tief in ihrer Kehle verschwinden, um dann beim langsamen Herausgleiten mit ihren Lippen sanften Druck auszuüben, während sie gleichzeitig an meinem wundersamen Schwellkörper entlangzüngelt. Diese Behandlung kann ich nicht ohne weiteres längere Zeit aushalten, und so fordere ich sie zu mehr Körpereinsatz auf. Geng lässt sich das nicht zweimal sagen, und so kann ich eine wilde Reiterin, mit entfesselter Haarpracht erleben, die es ganz sicher nicht leicht hat, das bockige Pferd zu bändigen. Da ich es nicht verantworten kann, dass sie die ganze Arbeit machen muss und sich noch völlig verausgabt, schlage ich einen Stellungswechsel vor, den die laut keuchende Geng dankbar und freudestrahlend in die Tat umsetzt. Einladend streckt sie mir ihren knackigen apfelförmigen Po entgegen und kurz und heftig, dringe ich in ihre empfangsbereite, zuckende Vagina ein, um die Führung unseres heißen Spiels zu übernehmen. Ich mutiere zu einem regelrechten **Master of Desaster**, und auch die kreisenden pushenden Bewegungen meiner temperamentvollen Geng werden immer schneller und feuriger, so dass ich schon ihre gnadenlosen Kontraktionen spüren kann, mich hilflos, wie in einem Schraubstock fühle, letztendlich die Kontrolle verliere und mich schlagartig mit einem kleinen Aufschrei entlade. So muss sie sich anfühlen, die völlige Entspannung!

Wir zclcbrieren das obligatorische Reinigungsritual, verschwinden zu zweit unter die Dusche, wickeln uns anschließend die Handtücher um die Hüften, um aneinander gekuschelt wieder unter der Bettdecke unterzutauchen. Wie zwei Babys, versinken wir in einen Tiefschlaf, bis ich am nächsten Morgen von ihrem nervigen Handyklingelton geweckt werde. Angeblich ist ihre Schwester am Apparat. „I have to go now" Sister is very sick" teilt mir meine <<Miet Traumfrau>> mit. Nun ja, denke ich mir, die Mädchen lassen sich auch immer wieder neue Lügen einfallen. Wortlos knalle ich einen Tausender auf den Nachttisch und das wars. Böse bin ich nicht, gibt ja noch tausend andere, und außerdem wollte ich heute eh ein bisschen entspannen, bevor ich meine Flugreise nach Ko Samui buche.

Die Hälfte des Tages verbringe ich nach dem Frühstück faul am Pool, schwimme und lese die Tip-Zeitung. Aus dieser muss ich erfahren, dass David Carradine, einer meiner Lieblingsschauspieler, der unter anderem in Kill Bill 1 und 2, sowie einer Kung Fu Serie mitspielte, in Bangkok tot aufgefunden wurde. Die Polizei entdeckte ihn in einem Hotel, in einem Wandschrank. Beide Hände waren mit einer Schnur zusammengebunden, die auch um seinen Nacken geschlungen war. Es wurden keine Verletzungen an seinem Körper festgestellt, und es wurden auch keine Beweise dafür gefunden, dass ein Kampf in dem Raum stattgefunden habe. Ein Wasserglas, welches im Zimmer stand, wurde auf Spuren von Betäubungsmittel untersucht. Der Grund seines Todes konnte noch nicht abschließend geklärt werden, da noch weitere Beweise gesammelt werden müssten. Jedoch wurde ein mysteriöser Fußabdruck auf dem Bett gefunden, der nicht mit den Schuhen übereinstimmte, die Carradine trug. Eine sehr seltsame Geschichte, und so wie ich die thailändische Polizei kenne, wird die Ermittlung trotz Fußabdruck eingestellt. Na ja, bei Sex-Strangulationsspielchen im Wandschrank verunglückt!

Kopfschüttelnd, lege ich die Zeitung beiseite, ziehe Shorts und ein frisches T-Shirt an, um mich auf den Weg zu dem nächsten Reisebüro zu machen. Dort buche ich für sensationelle zweitausend Baht, übrigens eine Promotion Aktion, einen Flug von Utapao nach Ko Samui. Den Rest des Tages, verbringe ich mit einem Ausflug auf den Buddha Hill, von dem ich eine prächtige Aussicht über Pattaya und das Meer genieße. Am Abend schaue ich mal bei der bekannten Naklua Sauna vorbei und lasse mir von dem Besitzer die ansprechenden Zimmer zeigen, die sehr luxuriös ausgestattet sind. Für meinen nächsten Besuch, wäre das eine Überlegung wert dort einzuchecken, denn die Sauna und den Whirlpool könnte ich dann kostenlos benutzen. Die sind im Zimmerpreis mit drin. Auf Barbesuche und Ladys steht mir heute nicht mehr der Sinn, und so begebe ich mich nach einem leckeren Essen relativ frühzeitig ins Bett, um für die morgigen Abenteuer gerüstet zu sein.

Inseltraum Koh Samui

Nach dem Frühstück, sitze ich gegen 12 Uhr mittags in einer dunkelbraunen Toyota Limousine, die mich zum ehemaligen Militärflughafen Utapao bringt, wo während des Vietnamkrieges Amerikaner stationiert waren. Doch zuvor, stoppen wir noch an einem großen Hotel, um einen jungen Araber abzuholen. Jamal ist dreiundzwanzig, findet Pattaya fürchterlich und will so schnell wie möglich nach Ko Samui, da er dort auch internationales junges Publikum treffen kann. Für mich war Pattaya eine ganz nette Erfahrung aber 14 Tage sind auch für mich genug, und ich will auf der schönen tropischen Insel endlich mal wieder meiner zweiten Leidenschaft, dem Motorradfahren frönen und natürlich auch ein paar meiner „alten" weiblichen Bekanntschaften wieder treffen. In einem guten Durchschnittstempo, düsen wir die Sukhumvit Road in Richtung Satthahip, bevor wir nach links in die Straße abbiegen, die zum Militärflugplatz der Royal Thai Navy führt, der heute auch von Bangkok Airways für zivile Luftfahrt genutzt wird. Manchmal landen hier auch Frachtflugzeuge, um den Raum Pattaya zu versorgen. Früher befand sich hier die Airbase der USA, und die Langstreckenbomber B52 und die KC-135 Tankflugzeuge waren hier stationiert. Bevor wir den Flughafen erreichen, sehe ich rechter Hand der Straße noch einen beeindruckenden Felsen, auf dem in goldenen Umrissen ein überdimensionaler sitzender Buddha gezeichnet ist.

Dann sind wir auch schon in dem kleinen Flughafen,

in dem sich sehr wenige Fluggäste versammelt haben. Das war Ende 2008 wohl anders, als der zentrale Airport Suvarnabhumi besetzt war und zahlreiche internationale Flüge über Utapao abgewickelt wurden, was verständlicherweise zu einem erheblichen Chaos führte. Nun, in der Low Season, ist fast nichts los, und nachdem wir beide unser Gepäck eingecheckt haben lädt mich Jamal noch zu einem Cocktail im Restaurant ein. Jamal stammt aus Dubai und hat nur eine Woche Urlaub. Dafür hat er aber einen riesigen Hartschalenkoffer zum Einchecken mitgeschleppt, sind meine Gedanken. Anscheinend benötigt er für jede Tageszeit ein anderes Outfit. Zum Glück bin ich da einfacher gestrickt, und die Klamotten, die ich benötige, werden generell hier in Thailand vor Ort gekauft. Das hat den Vorteil, dass ich mit einem fast leeren Koffer anreisen kann, der dann nach und nach mit Kleidung und Souvenirs gefüllt wird. Wir unterhalten uns ein wenig über Dubai und klimatisch ist es ähnlich wie Thailand, nur dass die Luftfeuchtigkeit nicht so hoch ist wie hier. Somit macht ihm die schwülwarme Luft und die Hitze recht wenig aus, ganz im Gegenteil zu mir. Ko Samui hat er schon einige Male besucht, und er liebt die Discotheken, wie Reggae Pub und Green Mango, in denen man viel internationales jugendliches Publikum finden kann. Kurz bevor unser Flug aufgerufen wird, tauschen wir noch unsere Handynummern aus und dann geht es auch schon los. Ich ergattere einen Platz am Fenster der ATR-72 Twin-Turboprop, und Jamal sitzt drei Reihen hinter mir. Ich habe mir fest vorgenommen die Start und Landephase mit meiner Digitalkamera zu filmen. Die zwei Motoren werden geräuschvoll angeworfen und untermalt von einer schwarzen Abgaswolke, kann ich von meinem Logenplatz beobachten, wie die Propeller in Schwung kommen. Sodann werde ich auch schon in den Sitz gepresst, und ich habe ein bisschen Muffensausen, denn die Start und Landephase gelten als besonders kritisch, da hierbei die meisten Unfälle passieren. Alles geht gut, wir befinden uns im Steilflug, und ich kann bereits das offene türkisblaue Meer sehen, und wir lassen die Küste hinter uns. Kurz darauf überfliegen wir eine kleine, von tropischer Vegetation nur so wuchernde Insel, um die rund herum ein strahlend weißer Sandstrand verläuft. Hier müsste man mich mal aussetzen, Robinson Crusoe Feeling ist garantiert. Das wäre mir allerdings doch zu einsam, so ganz ohne die fröhlichen, immer zu Späßen aufgelegten Mädchen. Auf Ko Samui jedoch, sind von diesen reichlich vorhanden, so dass die Auswahl mitunter schwer fällt. Unser fünfzigminütiger Flug verläuft turbulenzfrei und ruhig, und wir bekommen einen kleinen Snack, Thunfisch in Blätterteig, sowie ein alkoholfreies Getränk serviert. Kurz danach mache ich meine Digitalkamera wieder zur Videoaufnahme bereit, denn der Pilot hat schon den Sinkflug eingeleitet. Nach einer leichten Linkskurve, verlieren wir in atemberaubender Geschwindigkeit an Höhe, überfliegen das vorgelagerte Inselchen Koh Som und bewegen uns von nördlicher Seite kommend, im Tiefflug, über die bunt gedeckten Dächer der neu gebauten stattlichen Villen. Ich kann den Big Buddha Beach, und die in der See ankernden bunten Fischerboote sehen. Die Silhouette unseres dröhnenden Fluggerätes zeichnet sich als wellenförmig wabernder Schatten ab, der geheimnisvoll über das Meer, den Strand und die Hausdächer huscht. Dann sind wir auch schon über der künstlich geschaffenen Insel mit dem riesigen goldenen Buddha, und ich bereite mich auf die Landung vor, da die Rollbahn unmittelbar nach dem Überfliegen des Örtchens Baan Bang Rak folgt.

Baaaamm! Die Landung ist ziemlich hart, meine Kamera, wird mit beinahe aus der Hand geschlagen. Puuhh! Glück gehabt! Ich denke da an eine Ankunft vor etlichen Jahren, bei starkem Monsunregen und stehendem Wasser auf der Rollbahn. Die wäre fast schiefgegangen, da so eine Art Aquaplaning einsetzte, und ich gar nicht mehr so sicher war, ob die Länge der Bahn ausreichen würde. Doch dank meinem Schutzengel passierte nichts Schlimmeres. Doch das ist Schnee von gestern! Nun zählt das Sein im Hier und Jetzt, Thai Style eben.

Die Motoren werden abgestellt, die fahrbare Treppe wird angedockt, und wir werden von den alt bekannten offenen, motorisierten Wage abgeholt, die vom Aufbau an Straßenbahnen erinnern. Sie sind mit Palmen und dem Ko Samui Logo bemalt und statt eines Lenkrades, benutzt der Fahrer eine Art Hebel zur Richtungsänderung. Wir sitzen auf hölzernen Bänken und schon bei der Fahrt in Richtung des Terminal Zwei, kommt echtes Urlaubsfeeling auf. Ahh! Durchatmen, Koh Samui meine heimliche Geliebte, ich bin wieder hier!

Wir holen unser Gepäck vom Laufband und dann trennen sich die Wege von Jamal und mir, denn der Araber will in das Zentrum von Chaweng, während ich lieber in Baan Bang Rak bleiben möchte, genauer gesagt im <<Blessing Village Resort>>, in dem ich auch schon 2007 gewohnt habe. Ich nehme mir ein Taxi, was mich für die relativ kurze Strecke immerhin 350 unverschämte Baht kostet. Aber Ko Samui ist ja für seine Taxi Mafia bekannt. Taxameter einschalten, kann man dort in fast allen Taxen vergessen. So lasse ich mich leicht grimmig in meine auserwählte Unterkunft kutschieren. Es hat sich in den vergangenen zwei Jahren nichts verändert. Der große Swimmingpool liegt einladend und verwaist in der Sonne. Ein einzelner Schwimmer zieht gemächlich seine Bahnen. An den massiv, nach Schweizer Art, gebauten Bungalows, flattern norwegische Fahnen in der lauwarmen Mittagsbrise. Viele Pensionäre aus dem hohen Norden Europas, haben hier ihren endgültigen Wohnsitz gefunden und verbringen ihren Lebensabend unter der Sonne Thailands. Da kann man wirklich neidisch werden. Das ist auch mein Lebensziel, aber bis es tatsächlich soweit ist, werde ich noch jede Menge schuften müssen. Ich betrete das offene Restaurant, in dem ein Grüppchen Norweger sich angeregt unterhält und frage nach, ob noch ein Bungalow für eine Woche zu vermieten sei. Ich kann mich glücklich schätzen, denn es ist noch einer frei, und nachdem ich drei Tage angezahlt habe, darf ich auch schon in mein zukünftiges Domizil einziehen. Auf dem Balkon und im Bad, begrüßen mich zwei tote Kakerlaken, doch ich bin Hart im Nehmen und durch meine zahlreichen Reisen schon ziemlich abgebrüht. In warmen Ländern gehört das wohl dazu, mit ein wenig Ungeziefer sollte man immer rechnen.

In hohem Bogen, werfe ich mein Gepäck in die Ecke und springe zur Abkühlung in den fantastischen Swimmingpool, in dem sich nun auch eine junge Japanerin mit ihrer Mutter sportlich betätigt. Das knackige junge Nippon Chick würde ich gerne mal vernaschen, doch leider steht sie unter den Fittichen der Frau Mama. Sie sieht fast aus, wie meine süße Joy, mit der ich 2007 viel Spaß und schweißtreibende Horizontalaction hatte. Leider habe ich ihre Telefonnummer verloren und es ist nicht sicher, ob sie sich noch auf Ko Samui befindet, denn vor zwei Jahren erzählte sie mir, sie wolle nach Chiang Mai zurückgehen. Aber mit Ribanna meiner Alternativ Langzeitmietbraut, konnte ich bereits in Pattaya telefonischen Kontakt herstellen. Nach meinem erfrischenden Sportprogramm, werde ich sie umgehend anrufen, damit das Vergnügen heute Nacht nicht zu kurz kommt. Schon eine Stunde später, gegen sechzehn Uhr habe ich sie wieder an der Strippe. Zusammen mit ihrer Schwester, die einen Jugoslawen geheiratet hat, betreiben sie nun ein Café im Zentrum von Chaweng."I dont go with customer so often" teilt sie mir mit. Ist doch schön, dass sie für mich eine Ausnahme machen will. Ist wahrscheinlich eh eine Bargirl Lüge wie immer! Aber irgendwie mag ich die kleine Ex-

Ex-Freelancerin! Sie beschreibt mir den Weg zum „Feel Happy Cafe", und wir verabreden uns gegen 21 Uhr zu treffen. Prima! Da habe ich ja noch ein bisschen Zeit und kann noch eine kleine Mopedtour unternehmen. Von der Schwester des Ressortbesitzers, habe ich zuvor einen Scooter gemietet, mit dem ich augenblicklich losdüse, um keine Zeit zu verlieren. Die <<Hello Kitty Matte>>, die den Roller vor Schmutz schützen soll, wirkt ein wenig kindisch und unmännlich, doch der 100 Kubikzentimeter Scooter versieht brav seine Dienste, und die Beschleunigung kann sich sehen lassen, ist flott und für die Inselstraßen ausreichend. Frohgemut knattere ich in Richtung Chaweng, passiere rechter Hand das Areal, auf dem einmal im Monat die Blackmoonparty stattfindet, um dann links abzubiegen, und die steile Straße zu erklimmen, die zur Q-Bar, dem kleinen Tempel und dem View-Point führt. Bei herrlichem Sonnenschein, kann ich von hier den regen Flugbetrieb, auf dem wohl schönsten Inselflughafen der Welt beobachten. Hinter der Landebahn erhebt sich ein dicht mit Palmen und Laubbäumen bewachsener Berg, an den sich die neu gebauten, herrschaftliche Villen anschmiegen. Direkt dahinter liegt das türkisblaue, 28 Grad warme Meer, wie eine riesengroße Badewanne, die zum Planschen und Entspannen einlädt. An der Rollbahn grenzen die, mit Palmwedeln gedeckten, putzigen und nach den Seiten offenen Abfertigungsgebäude an. Ein gerade hereinkommender Jet der Siam Reap Airline, überfliegt so knapp die Wipfel einiger Laubbäume und Palmen, dass ich schon befürchte, er könnte sie noch streifen, und in Kürze würde ein verheerendes Unglück geschehen. Doch nichts dergleichen geschieht, alles geht gut, und die Idylle der Insel wirkt einfach göttlich perfekt. Ich schieße ein paar geniale Fotos zur Erinnerung und düse mit meinem Feuerstuhl noch ein wenig durch Chaweng, um zu erkunden, was sich in den vergangenen zwei Jahren alles verändert hat. Der ungezügelte Bauboom, der anscheinend alle touristischen Regionen Thailands erfasst, scheint nun endgültig außer Kontrolle geraten zu sein. Vor dem Reggae-Pub wurde eine neue Betontrasse gebaut, ebenso wurde die Promenade des Chaweng Sees, auf dem in den Abendstunden oft Freiluftaerobic stattfindet, im Zementstyle gestaltet. Nicht wirklich schön anzusehen, erfüllt aber seinen Zweck. Ich muss meine kleine Besichtigungstour beenden, da die Sonne anfängt unterzugehen und in Thailand wird es bekanntlich Ratzfatz dunkel. Da ich mich noch mit meiner alten Liebe Ribanna treffen, und zuvor noch eine ausgiebige Körperpflege betreiben will, mache ich mich auf den Rückweg ins Blessing Village. Eine kalte Dusche, und ein süffig sprudelndes Bier danach, tun nach der kleinen Strapaze wirklich gut. Entspannt, mache ich es mir auf meiner Terrasse gemütlich und beobachte das klare Sternenbild, das in tropischen Breitengraden besonders intensiv leuchtet. Ach, ist es nicht herrlich zu den Auserwählten zu gehören, die das Glück haben, und ihre Zeit in Ko Samui verbringen zu dürfen? In wenigen Minuten sogar mit einer professionellen, weiblichen Begleitung, die ihr

Fach versteht! Es ist so einfach! Easy Living! Einfach genial! Ich muss meinen Schwerenöter Traum sogleich in die Tat umsetzen und schwinge mich auf meine Mini Harley, um leicht erregt zum Treffpunkt in Chaweng City zu rasen. Meine Ribanna wartet schon gespannt auf der einladend gemütlich wirkenden Terrasse, und die Wiedersehensfreude ist auf beiden Seiten groß. Zwei Jahre, habe ich die kleine Thaimaus, mit schwarz gelockter Löwenmähne, nicht gesehen. Doch Respekt, ihr Körper wirkt nach wie vor ziemlich durchtrainiert, und ich freue mich schon auf eine turbulente, aufregende Nacht. Doch wir müssen uns zuerst mal unterhalten, das heißt eher ein wenig Smalltalk zu betreiben, und so bestelle ich bei ihrer Schwester, die hinter dem Tresen steht drei Bier. Die Sister soll auch nicht zu kurz kommen, und ich will ja kein Kiniau, kein Geizhals sein. Als noch ihr Mann, der Jugoslawe, im kleinen Café auftaucht, ordere ich noch eine Flasche Sangsom und eine Cola zum Mischen. Das bringt mir Bonuspunkte und macht mich sympathisch, und ich habe bei dem Trio einen Stein im Brett. Meine Ribanna hat sich zu einem ganz schönen Schluckspecht entwickelt und stürzt ihr <<Big Singha>> ziemlich gierig hinunter. Mir soll es recht sein, wenn sie später nur den gleichen Durst auf sexuelle Aktivitäten verspürt und mich nach Strich und Faden verwöhnt. Zusammen mit dem Jugoslawen, kippe ich einige Sangsom Whiskey, und für die Mädels muss ich kurze Zeit später wieder Bier ordern. Feuchtfröhlich, feiern wir exzessiv in geselliger Runde, dass sich die Balken biegen, und die

Kakerlaken schockiert Reißaus nehmen. Es wird später als gedacht, und weit nach Mitternacht, packe ich meine angetrunkene und schwankende Freundin aufs Motorrad. Ganz nüchtern bin ich natürlich auch nicht mehr, und so kurve ich in einem Zickzackkurs in Richtung meines Bungalows, um mit meinem niedlichen Ballast eine hoffentlich heiße Nacht zu verbringen. Ich werde nicht enttäuscht. Trotz schwerer Zunge und leichter Gleichgewichtsstörungen, kann Ribanna mit einem Sexverwöhnprogramm auftrumpfen, das seinesgleichen sucht! Der oft gehörte Satz:"I take care you" erfährt eine völlig neue Bedeutung. Und das kann sie tatsächlich gut! Mein kleiner pochender Freund erhält eine Spezialbehandlung vom Allerfeinsten. Mit ihrer flinken spitzen Zunge, verwöhnt sie kreisend meine, oft zu kurz gekommene, Samenproduktionsstätte, um sich sodann über meinen chemiegestärkten, knüppelharten Zauberstab herzumachen. Gut, ein wenig verbesserungsfähig wäre das Ganze noch, doch ich bin mit der angebotenen Dienstleistung bis jetzt völlig zufrieden. Die Erfahrungen, die sie mit vielen verschiedenen Kunden gemacht hat, merkt man ihr deutlich an, und ich bin nun der fröhliche Glückspilz, der den vollen Nutzen daraus ziehen kann. Was steht als nächstes an? Lehrmeisterin Ribanna weiß schon wo es lang geht, und ehe ich mich versehe, sitzt die kleine braune Sexmaschine schon auf mir und bearbeitet meinen kleinen Freund, dass mir Hören und Sehen vergehen! Was soll ich dazu sagen? Gelernt ist Gelernt! Da hat sie bei der Ausbildung gut aufgepasst!

Auch ich gebe der Kandidatin die volle Punktzahl! Mal sehen, ob sie noch mit weiteren Highlights aufwarten kann? Kaum habe ich den Gedanken zu Ende geführt, fordert meine Göttin mich auch schon auf, die Stellung abermals zu wechseln, und so finde ich mich plötzlich verwundert hinter ihr und genieße eine prächtige Aussicht auf ihren kreisenden, fast brasilianisch proportionierten Arsch. Die Aktion, die eine gute Kondition erfordert, ist nicht von schlechten Eltern, und ich bin froh meine Lanze zuvor mit den rautenförmigen blauen Pillen präpariert zu haben. So kann ich motiviert, ausdauernd und ohne Leistungsverlust in See stechen. Meine Hände umklammern kraftvoll ihre rundlichen Hüften, während ich mit ganzer Länge tief in ihre warme pulsierende, feuchte Vagina eindringe, was sie mir mit einem kleinen kehligen Schrei der Lust bestätigt. Als Antwort auf meine Vorstoß, steigert sie umgehend die Intensität ihrer Bewegungen, und ich bin in der glücklichen Lage und darf ihr frisches Tattoo bewundern, dass sich seit kürzester Zeit auf ihrer rechten Pobacke befindet und einen kleinen Schmetterling mit ihrem Namen zeigt. Wow, das macht mich an, ich ficke den wild kreisenden Schlampenstempel und komme dermaßen in Fahrt, dass es schon bald mit der Selbstkontrolle vorbei ist. Zur Enttäuschung meiner **Doggy Queen**, sie braucht immer viel zu lange, kommt es mir viel zu früh, und ein Ausdruck grenzenloser Entspannung huscht über mein Gesicht, und das wohlige Gefühl breitet sich über meinen gesamten Körper aus. Ich bin vollauf bedient, und bleierne Müdigkeit befällt meine

Glieder. Meine Lider hängen auf Halbmast und kurz vor dem endgültigen Zufallen, höre ich noch wie Ribanna das Schlafzimmer verlässt. Kurz darauf, registriere ich das sonore Brummen des Fernseher aus dem anderen Raum, und dann umhüllt mich das dunkle Gewand der Finsternis.

It`s Partytime!

In den frühen Morgenstunden überkommt mich noch einmal sehr heftig die Lust, und ich schmiege mich an den samtweichen Körper meiner Thaigranate, und liebkose, ihre kleinen aber straffen Brüste. Leidenschaftlich, wie eine wilde Katze, erwidert sie meinen Annäherungsversuch, küsst zärtlich meinen Hals und knabbert genüsslich an meinem Ohr. Wer kann da schon widerstehen. Ich jedenfalls nicht, ebenso wenig wie mein bester Freund gelassen bleiben kann, was meine doch recht heftig ausgebeulten Boxershorts eindrucksvoll unterstreichen. Also zögere ich nicht und gehe zum Angriff über, und wir haben zuerst einfühlsamen Kuschelsex, der jedoch sehr schnell in feurigen, harten, ja fast brachialen, animalischen Sex umschlägt.

Ich gebe mein Bestes, doch es scheint nicht gut genug, denn meine Kleine ist eine gnadenlose Sexmaschine. Sie kann nie genug bekommen, kriegt den Hals nicht voll. Doch ich werde es ihr schon besorgen, so wahr ich Bangkok Bob heiße. Diesmal werde ich durchhalten, und sie kann mich poppen, bis sie Sternchen sieht. „Make me, make me, make me" brabbelt sie wie von Sinnen keuchend dahin. Das lass ich mir nicht zweimal sagen, und das kleine Luder wird gleich sein blaues Wunder erleben. Das wird auch Zeit, denn mein Schwanz beginnt langsam aber sicher zu schmerzen, da er hilflos in der Pussy einer wahnsinnig gewordenen, sexsüchtigen Thai steckt. Jetzt spürt er die ersten Zuckungen ihrer teuflischen Vagina, was ihn dazu anspornt noch einmal sein Bestes zu geben. Schnell und hart, stoße ich mit seiner gesamten Länge in ihr wild pulsierendes, feuchtes Heiligtum. Nun fängt er wie elektrisiert an zu zucken. Selbstkontrolle ist nun schwer, doch nun habe ich das kleine Biest soweit. Sie gibt auf, stottert meinen Namen, und kommt gewaltig, wie ein brodelnder Vulkan. Ihre Pussy zuckt und umschließt meinen Schwanz, wie eine eiserne Faust, und da ist es auch schon um ihn geschehen. Sie bekommt was sie will, und explosionsartig schleudere ich meine heiße Ladung in ihre fordernde, männermordende Pussy. Erschöpft und glücklich, sinken wir in die Laken. Gegen Mittag will Ribanna gehen, da sie eine kleine Tochter hat, um die sie sich kümmern muss. Mir soll es recht sein. Ich kann sie ja heute Abend wieder anrufen.

Doch es kommt ganz anders. Ich möchte lieber alleine auf die Piste gehen. Anstandshalber rufe ich bei ihr an, und erkläre, dass es mit nicht besonders ginge, und ich das Bett hüten müsse. Ob sie die Ausrede geschluckt hat, weiß ich nicht, aber ehrlich gesagt ist es mir auch egal! Nun bin ich frei und kann tun und lassen, was ich möchte. Und da fällt mir schon so einiges ein. Wieder einmal schwinge ich mich auf mein Motorbike, und meine kleine Reise führt mich in den bekannten <<Reggae Pub>>.Der Club ist eine Institution auf Samui und einer der größten und ältesten Tanztempel auf der Insel. Er liegt auf einer Halbinsel des Chaweng Sees und ist in den neunziger Jahren einmal niedergebrannt. Schuld war, wie immer, ein unaufmerksamer Farang, der wahrscheinlich hektisch mit einer Zigarette hantierte. Der wieder aufgebaute Club besticht durch seine luftige offene Bauweise. Auf einer fest installierten Bühne spielen Live Bands und begeistern das junge Publikum. Heute Abend bombardiert ein italienischer DJ die Party People mit einem Mix aus Hip-Hop, House und Techno. Die völlig losgelöste, ekstatisch tanzende Meute himmelt ihn an. Vier junge Thai-Chicks erregen meine Aufmerksamkeit. Eine davon ist wirklich außergewöhnlich hübsch. Mit einem Glas Sangsom in der Hand, bewege ich mich tanzend in ihre Nähe, damit mich das niedliche Geschöpf registriert. Die Vier haben einen gelben kleinen Plastikeimer auf ihrem Tisch stehen und aus langen Strohhalmen, ziehen sie sich den starken Alkoholmix in ihre hübschen Köpfchen. Wenn die Thais feiern, dann tun sie das aber richtig! Die kleine fröhliche Gruppe ist schon gut unterwegs und ziemlich angesäuselt. Beste Chancen für mich, meine Favoritin anzusprechen. Das süße Zuckerpüppchen heißt Maleen und ist gerade mal zwanzig Jahre alt geworden. Heute Nacht, feiert sie mit ihren Freundinnen ihren Geburtstag und will es richtig krachen lassen. Kurzerhand wird auch mir der <<Bucket Eimer>> gereicht, und ich genehmige mir einen kräftigen Schluck. Es wird mit Sicherheit nicht bei dem einen bleiben. Ungefähr dreißig Minuten später, sind wir alle bereits kräftig angetrunken und stürmen wagemutig die Bühne, um uns in das rechte Licht zu rücken. Ich lass mich nicht lumpen, und spendiere den lachenden Mädels eine Flasche

Sangsom, um die Stimmung noch zu steigern, und der feuchtfröhliche Abend kann weiter gehen. Der Bass wummert so gnadenlos, dass die Bühne vibriert und aus den turmhohen Boxen wabert ein genialer Mix aus Techno und House. Maleen bemerkt natürlich, dass ich sie die ganze Zeit ziemlich gierig anstarre, und wenn ich ehrlich bin, habe ich sie in Gedanken auch schon ausgezogen, denn Zuckerpüppchen hat einen phänomenalen, begehrenswerten Körper.

Um mich ist es jedenfalls schon geschehen. Ich bin der Kleinen hoffnungslos verfallen, und nun kann sie mit dem willenlosen Farang tun und lassen, was sie will. Überraschenderweise, zieht sie urplötzlich eine kleine Visitenkarte mit ihrem Namen, samt dazugehöriger Adresse aus ihrer Handtasche. Heute Abend möchte sie nur mit ihren Freundinnen feiern, aber ich könnte sie gerne morgen anrufen. Ich muss schon sagen, ich bin schwer enttäuscht, lasse es mir aber nicht anmerken. Verdammt schade. Ich hatte mich doch schon so sehr auf ein heißes Techtelmechtel mit ihr gefreut. Nun ja, wird wohl nichts daraus. Eine Stunde später, verabschiede ich mich von den scharfen Girls und ziehe alleine in das Green Mango weiter. Für die heutige Nacht lässt sich doch bestimmt noch ein heißer Feger finden. Im Green Mango steppt schon der Bär, und unter die Tanzwütigen haben sich jede Menge Freelancerinnen gemischt. Diesmal werden meine Trommelfelle mit Hip-Hop traktiert. An einem Stehtisch, fallen mir drei betrunkene Engländerinnen auf, die ich so auf Mitte Zwanzig schätze. Ich nehme meinen ganzen Mut zusammen und spreche sie einfach an. Ganz im Gegenteil zu meinen Erfahrungen, die ich in Deutschland sonst so mache, werde ich nicht abgewiesen. Nein, nein, die britischen Hammerbräute freuen sich, dass sie umworben werden. Sie sind im Urlaub, wollen ausgelassen feiern und etwas erleben. Zuerst einmal machen wir ein paar scharfe Fotos für das Poesiealbum. Danach geht's an die Theke zum Cocktail Contest. Die Inselschönheiten kennen kein Erbarmen und fordern den Barkeeper dazu auf, noch einen kräftigen Schuss Wodka in ihre Cocktails zu mixen. Dann geht die Lucie ab! Wie schon zuvor im Reggae Pub, finden wir uns urplötzlich auf der Bühne wieder, und wir fotografieren uns abwechselnd in scharfen, verruchten Posen. Ohne zu wissen, wie es geschah, liege ich plötzlich mitten auf der Bühne auf dem Rücken, und die langbeinige Katie tanzt mit ihrem roten Minirock über mir. Ich kann meinen Augen kaum trauen, denn darunter trägt sie einfach nichts. Rien! Unfassbar! Ich glaube ich werde noch blind! Holly, ihre etwas mollige, blonde Freundin, macht ein paar Schnappschüsse von uns beiden. Hoffentlich taucht dieses peinliche Foto von mir nicht noch im Internet auf, geht es mir kurz durch den Kopf! Darauf geschissen! Mein Leben ist sowieso schon hoffnungslos versaut! Währenddessen schraubt Emily an einem sabbernden Araber herum, hat ihre Hand schon in seinem Schritt. Sein Gesicht hat einen sehr dümmlichen, verzückten Ausdruck angenommen. Sieht so aus, als schwebe er auf Wolke Sieben. Mittlerweile hat sich eine größere Gruppe Israelis und Araber um die enthemmten, stark alkoholisierten

Britinnen geschart. Mich würdigen sie nun keines Blickes mehr, ich scheine Luft für sie zu sein. Mir egal, die sind selbst schuld, wenn sie vielleicht später auf dem Nachhauseweg, von ebenfalls angetrunkenen Thais, als Freiwild betrachtet und vergewaltigt werden. Wird Zeit, dass ich aus der Disco verdufte. Leicht benebelt, torkele ich in Richtung meines Motorrades, als mir eine sehr niedliche junge Braut auffällt, die auf einem geparkten Motorbike sitzt. Sie trägt ein schwarz, weiß gestreiftes Kleidchen und mir fallen ihre gepflegten Hände, mit den feingliedrigen Fingern auf. Das Püppchen sieht zum Anbeißen lecker aus und scheint gerade mal volljährig zu sein. Ich schöpfe neuen Mut und spreche das attraktive Mäuschen nach kurzer Überlegung einfach an. Zu meiner Enttäuschung muss ich feststellen, dass sie so gut wie kein Englisch spricht. Scheint frisch vom Lande eingetroffen zu sein, die Kleine! „I`m waiting for my friend" ist ihre Antwort. Da ich davon ausgehe, dass es sich um ihren Thai-Boyfriend handelt, ziehe ich leicht frustriert meines Weges. Gerade, als ich an dem Kettenschloss herumnestele, mit dem ich mein Motorrad gesichert habe, braust von hinten ein Bike heran und hält mit quietschenden Bremsen. Auf dem Sozius, sitzt die zuvor angesprochene schüchterne Maus, aber als ich dann die Fahrerin wiedererkenne, falle ich aus allen Wolken. Das kann nicht wahr sein! Das ist ja meine Joy, die ich noch aus meinem dreimonatigen Urlaub aus vergangenen Zeiten kenne. Was für ein Zufall, dass ich sie hier, vor dem Green Mango wiedertreffe. In dieser Disco, hatte ich sie auch zum ersten Mal kennengelernt, und danach waren wir ein Herz und eine Seele.

Mit den beiden Ladys mache ich aus, dass sie mir zu meinem Bungalow folgen, da ich mich unbedingt mit Joy unterhalten muss. Was sie wohl die ganze Zeit getrieben hat? Wie viele Männerhände wohl ihren wunderschönen vollendeten Körper berührt haben? Ich mag es mir gar nicht vorstellen! Es geht los, und im Konvoi knattern wir die Schlaglochpiste entlang, die zu meinem derzeitigen Zuhause führt. Dort angekommen, nehmen die beiden flotten Bienen auf meinem Sofa Platz. Ich kann nicht anders, man möge mir verzeihen, und ich muss die <<Pretty Women>> zuerst mal in verschiedenen Posen fotografieren. Noch komplett bekleidet, versteht sich! Dann tausche ich mich mit Joy darüber aus, wie es uns in den vergangenen Jahren ergangen ist. Nun macht sich bei mir leider der zu viel getrunkene Alkohol durch gemeines, hinterhältiges Sodbrennen bemerkbar. Das ist richtig unangenehm und schmerzhaft. Nach einer Stunde angeregter Unterhaltung, erklärt mir Joy, dass sie wieder zurück in das Zentrum von Chaweng, genauer gesagt in die Solo Bar müssten, um noch einen Farang für ihre Freundin Sunisa zu finden. Sunisa kommt tatsächlich vom Lande und hat noch nie mit einem Ausländer geschlafen. Lächelnd und vom Alkohol enthemmt, meine ich, dass vor ihnen doch einer sitzt. Darauf entgegnet meine Joy, ob ich mir denn vorstellen könnte mit zwei Mädchen in die Kiste zu springen. Mit dem widerlichen Sodbrennen, das meine Speiseröhre befallen hat, kann ich das heute Abend wahrscheinlich

102

nicht mehr, aber wir vereinbaren, dass die Beiden morgen am Nachmittag wieder kommen sollen. Joy schreibt mir ihre Mobile Nummer auf den Hand-rücken, und kurz darauf sehe ich nur noch das Schlusslicht ihrer Honda Dream, die knatternd in der Nacht verschwindet.

Mit zwei Girls in der Kiste!

Spät am Morgen, stehe ich auf und absolviere ein kleines Fitnessprogramm, um für den Bettenmarathon gewappnet zu sein. Ein paar Liegestütze und dann geht es in den ausreichend dimensionierten Pool, in dem ich zügig meine Bahnen ziehe. Eine Stunde kräftiges Schwimmen, habe ich mir vorgenommen. Man gönnt sich ja sonst nichts! Mit eisernem Willen, ziehe ich mein selbst auferlegtes Verjüngungs-programm durch, um mir danach ein deftiges Früh-stück mit Eiern und Speck zu gönnen. Danach sind die äußerst wichtigen Besorgungen dran, ohne die man das Doppelgefecht mit den Hübschen nicht so gut durchhält. In Baan Bang Rak, habe ich mehrere Apo-theken zur Auswahl, die das Potenzwundermittel in verschiedenen Ausführungen anbieten. Aufgrund des gestrigen Sodbrennens, sollte ich mich eigentlich für die schonendere, jedoch teurere Variante Tadalis mit 20 Milligramm Tadalafil Wirkstoff entscheiden. Doch wie immer, ist in meinem Geldbeutel Ebbe, und das heißt natürlich, dass Sparen angesagt ist. Daher er-stehe ich schließlich ein paar seltsam grüne Kamagra 100, des indischen Herstellers ajanta pharma, die hoffentlich ihren Zweck erfüllen werden. Mit den Dopingmitteln an Bord, kurve ich noch am Seven Eleven Supermarkt vorbei und bezahle eine halbe Liter Flasche Siam Sato, eine Art scheußlich schmeckender Reisschnaps, die aber ihrer Be-stimmung, nämlich High zu werden bestens gerecht wird. Zwei große Chang Bier, nehme ich zur Sicher-

heit auch noch mit. Man will ja nicht mitten im Sauf-
gelage feststellen müssen, dass es für den selig
machenden Kick nicht ganz reicht! Das wäre nun
wirklich zu dumm! Die Angst des waschechten
Alkoholikers! Panik, Panik, Panik! Das ist mein
zweiter Vorname. Lange Rede kurzer Sinn, ich
springe mit den Glasflaschen wieder auf die Maschine
und düse zu meinem Bungalow, um mich auf der
Terrasse über die köstlichen Getränke herzumachen.
Das heißt, die kalten Bier sind ein Genuss, der Siam
Sato eher ein Albtraum. Aber das habe ich wohl selbst
so gewollt! Promille, Promille, Promille, ich bin im
rosa Elefantenwunderland und aaach jaaaa, siiieeht
deen Thaiiiland auf der Landkarte niiecht wie ein
Elefantenrüüssell auus. Uund apropoos Rüüssel, icch
muuss die Teeile eiinweerfen. Soonst haat ees siiech
gleeich auusgerüüsselt! Eine halbe bis eine Stunde
Vorglühzeit, werden die giftgrünen Pillen wohl be-
nötigen. Also nichts wie rein damit in den empfindlichen Magen und mit einem kräftigen Schluck Siam
Sato nachgespült. So sitze ich in der brütenden Sonne
und annähernd dreißig Minuten später, habe ich den
ersten Flash, und meine Umgebung hat sich zu
meinem Erstaunen bläulich eingefärbt. Zumindest
nehme ich sie jetzt so wahr. Das ist eine der Neben-
wirkungen, die auch beim Original Viagra auftreten
kann. Lustige Sache, blaue Katzen und sowieso blaue
Farang, also ein ganz bestimmter, der sabbernd auf
seiner Veranda hockt. Dumpf und weit entfernt,
nehme ich mit meinen Ohren ein Motorrad wahr, das
aber rasch näher kommt und Kurs auf meinen Wohn-

sitz nimmt. Aha, da sind sie schon, meine jungen, fröhlichen Gespielinnen. Das kann ja heiter werden mit uns drei! Joy parkt ihre neue 125er Honda hinter meinem <<Hello Kitty Scooter>> und Sunisa, die im Damenreitsitz hinter ihr gesessen hat, hüpft munter herunter. Joy stellt den Motor der Maschine ab, und die beiden zierlichen Hasen betreten lächelnd meine Veranda. Sunisa wirkt schüchtern, ja fast verlegen, und sie trägt ein grünes, mit Blumen gemustertes Kleid, das sehr altbacken wirkt. Und als ob das noch nicht genug wäre, hat sie sich auch noch eine graue, knielange Strickjacke darüber gezogen. So wirkt sie wie ein kleines hässliches Entlein, obwohl sie alles andere als unansehnlich ist. Wenigstens sind ihre Lippen geschminkt. Vielleicht ist das ja alles Absicht, und soll beim unbedarften Farang den Eindruck erwecken, dass sie, ach so unschuldig ist, um mit dieser Masche mehr Geld herausschlagen zu können. In Thailand ist dieser Trick keine Seltenheit.<<First Timer>> können da richtig absahnen, obwohl sie natürlich mit ihrem Thai Boyfriend oder sogar Ehemann so munter poppen, dass die Wände wackeln. Nun gut, ich lass mich überraschen. Joy sieht fantastisch aus, sie hat sich richtig in Schale geworfen und hübsch gemacht. Zu ihren Jeans Hotpants, trägt sie eine lange weiße, ärmellose Spaghettibluse, die ihre Pants halb verdeckt. Im Bereich der ultraknappen Jeans, ist die Bluse durchsichtig, eine raffinierte Sache. Über die Spaghettiträger und den Halsausschnitt des weißen Träger Longshirts, verläuft eine goldene Panzergliederkette, die dem Outfit einen exquisiten, luxuriösen Touch verleihen. Um den Hals trägt sie eine feine, ebenfalls goldene Kette, an der ein kleiner Buddha als Glücksbringer hängt. Noch immer haben ihre Augen etwas unergründlich magisches an sich, was mich unglaublich anmacht. Das Geheimnis habe ich noch immer nicht gelüftet. Ihre vollen roten Kusslippen, warten nur darauf liebkost zu werden und vollen Einsatz zu zeigen. Also, ich muss ehrlich zugeben, von den beiden Thai Prinzessinnen, wäre Joy meine absolute Favoritin. Ich biete den Mädchen meinen Siam Sato an, doch auf harten Alkohol am Nachmittag, scheinen sie weniger zu stehen. Was bin ich doch für ein schlechter Gastgeber, erfrischende Säfte, beziehungsweise antialkoholische Getränke, habe ich überhaupt nicht eingekauft. Ein peinlicher Patzer. Schließlich, kann ich sie wenigstens zu einem kleinen Glas Chang Bier überreden, an dem sie vorsichtig nippen. Sunisa lächelt unsicher, und ich sehe, dass an dem linken oberen Schneidezahn ein Stückchen abgebrochen ist. Das finde ich entzückend, so ein kleiner Makel macht sie interessant. Ich habe genug von dem Siam Sato, und wir verlegen unser kleines Rendezvous auf die Wohnzimmercouch. Zu meiner Überraschung, muss ich feststellen, dass ich mich selbst ein wenig unbehaglich und unsicher fühle. Zwei Mädels gleichzeitig, dass ist auch für mich selbst eine Premiere. Diesen Einstand, will ich unter keinen Umständen verpatzen, und so verschwinde ich unter einem Vorwand in mein Badezimmer, um noch eine weitere Wunderpille nachzulegen, da mich die Wirkung der Ersten noch nicht ganz überzeugt.

Wahrscheinlich benötige ich einfach mehr Animation von Seiten der Mädchen. Wirklich angestrengt und ins Zeug gelegt, haben sie sich ja noch nicht. Mir kommt der Verdacht, dass sie selbst noch wenig Erfahrung mit dieser Sache haben. Ich muss die Situation ein bisschen auflockern, und rede mit Joy über alte Zeiten.

Urplötzlich fangen die Pillen an zu wirken, und das Blut schießt nur so in meine Schwellkörper. Zeit zum Angriff! Unter den erwartungsvollen und prüfenden Blicken meiner herzallerliebsten Joy, mache ich mich über die unerfahrene Sunisa her, und wir tauschen vorsichtig einen ersten zärtlichen Zungenkuss. Das ist sicher noch steigerungsfähig, und so wandert meine linke Hand behutsam an der Innenseite ihres rechten Schenkels entlang und verschwindet dann unter dem Saum des grünen Kleides. Da ich Glückspilz in der Mitte, zwischen den beiden asiatischen Perlen sitze, umfasst meine Rechte Joys schmale Taille und tätschelt dann ihren jugendlich straffen Po. So langsam komme ich in Fahrt, und mein kleiner Freund klopft schon recht ungestüm, ja beinahe schmerzhaft gegen die Innenseiten meiner Shorts, und wartet darauf aus seinem textilen Gefängnis befreit zu werden. Könnte ihm denn nicht eine meiner bezaubernden Begleiterinnen dabei helfen? Das wäre sehr schön, aber leider mangelt es ihnen anscheinend an Fantasie oder an praktischer Erfahrung, und sie sind mit der Situation doch ein wenig überfordert. Also mache ich den zweiten Schritt und schlage vor, unser vergnügliches Spiel in das Schlafzimmer zu verlegen. Gesagt, getan. Nun liegen wir auf der zwei mal zwei Meter großen Spielwiese, und ich helfe Sunisa dabei, ihren etwas billig wirkenden Slip loszuwerden. Joy liegt an meinem Rücken und knabbert einfühlsam an meinem Hals. Ausgezogen hat sie sich noch nicht und liegt samt den Hotpants auf den zerwühlten Laken. Sunisa zieht meine Shorts herunter, und beim Anblick meines Viagra gestärkten und dadurch größer wirkenden, wild pochenden Lustspenders, erweitern sich schlagartig ihre Pupillen.

Ein wenig angstvoll schaut sie zu Joy, ihrer Lehrmeisterin herüber, und flüstert leise, für mich aber dennoch gut hörbar:"Uhhh very big, too big" Joy antwortet für mich nicht verständlich auf thailändisch, und scheint sie beschwichtigen zu wollen. Also nestle ich mir ein Kondom über **Mister Too Big**, damit der Tanz beginnen kann. Da ich kein Unmensch sein will, dringe ich sehr langsam und behutsam in sie ein. Wie ich erwartet habe, stöhnt Sunisa kurz auf, und ich kann nun nicht so recht deuten, ob es sich um Lust oder Schmerzen handelt. Deshalb, küsse ich meinen unerfahrenen kleinen Schatz schmerzlindernd auf die Stirn, um mich dann ihrem Hals, ihren Lippen und schließlich ihrer Zunge zu widmen. Meine zustoßenden Bewegungen werden schneller und heftiger, und Sunisas Stöhnen wird lauter, klingt angestrengt. Joy redet schon wieder auf sie ein. So habe ich mir das alles nicht vorgestellt. Anscheinend fragt meine Joy die Kleine, ob sie Schmerzen hat, was sie wohl verneint, und so mache ich natürlich munter weiter mit meinem Programm. Zwischendurch frage auch ich sie, ob denn alles bei ihr in Ordnung sei. Da man bei einer kleinen Überdosis Viagra nicht mehr so schnell kommt, und ich nun Gefallen an unserer sportlichen Betätigung gefunden habe, dauert die Prozedur noch ein Weilchen. Dann habe ich ein Einsehen mit der armen Sunisa und will mich über die bezaubernde Joy hermachen. Das benutzte Kondom, habe ich noch nicht abgerollt, und leicht entsetzt schaut mich Joy an. Flugs, wie ein Wiesel, zaubere ich ein Neues aus der bereit gelegten Packung und ziehe mir das verhasste Plastikhütchen über. Doch Joy deutet auf ihre Pussy und mit einer verzerrten Mimik, will sie mir angeblich klarmachen, dass auch sie Schmerzen befürchtet und bietet mir Handbetrieb an.

Darauf habe ich nun aber gar keine Lust mehr. Die kleine Sunisa sitzt derweil im Wohnzimmer und krümmt sich unter Schmerzen, lächelt aber, als wir den Raum betreten. Dass die Thais, aufgrund ihrer Erziehung auch nie sagen, was Sache ist. In meinem enthemmten Liebes und Sexrausch, habe ich nicht mehr mitbekommen, dass es ihr nicht mehr so viel Sanuk (Spaß) bereitet. Nun habe ich Mitleid mit dem süßen Mäuschen. Schamvoll, schleiche ich ins Schlaf-zimmer und hole aus dem Safe zweitausend Baht, die ich Sunisa und Joy überreiche. Sunisa nimmt sie fast demütig an und bedankt sich mit einem Wai. Ich schlage vor noch ein wenig zu fernsehen, doch die beiden Engel der Nacht wollen ihres Weges ziehen, und Reisende soll man ja bekanntlich nicht aufhalten. Da heute mein letzter Urlaubstag, beziehungsweise die letzte Nacht im zauberhaften Thailand ist, finde ich das unendlich schade. Aber was soll ich machen. Und so verspreche ich meiner Joy, dass ich sie aus Deutschland anrufen werde und dann verabschiedet sich die Girls endgültig, und mein aufregender Urlaub im Land des Lächelns geht zu Ende.

Von der Edition Thailandromane **Bangkok Bob** sind bisher folgende Bücher im Buchhandel und Online Buchhandel erhältlich:

**- 3 Monate in Thailand –
erschienen Februar 2008
Books on Demand
ISBN: 978-3-8370-1716-8
284 Seiten**

**Vom River Kwai bis nach Chiang Mai
erschienen 2009
Books on Demand
ISBN: 978-3-8370-7275-4
196 Seiten**

Weitere Leseproben, sowie Neuigkeiten, finden Sie unter der Homepage des Autors:

www.3monate-thailand.de

Wichtige Begriffe (Lexikon)

Kiniau: Wird man von einem Thailänder als Kiniau bezeichnet verheißt das nichts Gutes. Frei übersetzt bedeutet es nichts anderes als Geizhals, und die sind in der thailändischen Gesellschaft nicht besonders beliebt, da Sparen für die Thais ein Fremdwort ist (wozu ist Geld denn gut, wenn man es nicht ausgeben kann?)

Freelancer: Die Mädchen arbeiten nicht in einer Bar, sondern auf eigene Rechnung. Man trifft sie deshalb in den Discos oder am Strand.

Barfine: Um ein Mädchen aus einer Bar auszulösen, zahlt man der Mamasan eine Auslösesumme von 200-600 Baht sozusagen für verlorenen Getränkeumsatz.

Mamasan: Ist das Herzstück der Bar, die sich um Abrechnungen, die Mädchen, und die Belange der Farangs kümmert.

Shorttime: Das Mädchen geht nur für kurze Zeit (ca. 2-3 Stunden) mit, was in der Regel so um die 500 Baht (ca. zehn Euro) kosten sollte. Girls aus Go-Go-Bars sind natürlich entsprechend teurer. Nach Bezahlung der Leistung ist die Beziehung beendet.

Longtime: Hier geht der Ausländer eine richtige Beziehung mit dem Mädchen ein. Ist vorher finanziell alles abgesprochen, treten normalerweise auch keine Probleme auf. Gibt sich die Prostituierte nicht als solche zu erkennen z. B. weil sie der Farang am

Strand, im Kaufhaus oder sonst wo kennenlernt, wird es für den Ausländer mit Sicherheit erheblich teurer. Barladys können sehr erfinderisch sein, um den Farang zur Kasse zu bitten.

Farang: Das sind wir (westlicher, langnasiger Ausländer) Oft hört man auch Falang, Falang!

Expat: Auswanderer, die im Land des Lächelns leben. Einige haben es geschafft, haben thailändische Ehefrauen und ein nettes Häuschen. Andere sind bemitleidenswerte Kreaturen, die mitunter in Wellblechhütten wohnen und ihre Landsleute übers Ohr hauen.

Blow Job Bar: Na, ja was das ist, weiß wohl jeder, aber ich erläutere hier mal kurz, wie es im Regelfall abläuft: Als Kunde kann man direkt am Tresen sein Bier bestellen. Dieser ist nach unten offen und die Service Lady kniet auf einem Kissen und kümmert sich um das beste Stück des Kunden während dieser Pornos oder Fußball anschauen kann. Wer mehr Diskretion wünscht kann mit dem Mädchen seiner Wahl in einen Private Room gehen. Dort ist dann gegen Aufpreis auch mehr möglich, als der Blow Job. Auf diesen Service spezialisierte Bars findet man in Pattaya in der Soi 6 sowie in der Soi 13/2

Kamagra: Indische Viagra Kopie von Ajanta Pharma, enthält den Wirkstoff Sildenafil. Gibt es in den Dosierungen 20, 50 und 100 Milligramm Wirkstoff. Am besten 100 Milligramm Tabletten kaufen und mit einem Medikamententeiler splitten (erhältlich in jeder Pharmacie)

Jelly Liquid: ist ein Gel in einer kleinen Tüte, die den Sidenafil Wirkstoff enthält. Man kann sie aufreißen und oral einnehmen. Soll angeblich über die Schleimhäute schneller aufgenommen werden. Kostet ca. 150 Baht.

Kamagra Soft Tabs: Kann man unter die Zunge legen und sie entfalten dann den Wirkstoff. Angeblicher Vorteil: Wirkstoff wird durch die Mundschleimhaut schneller aufgenommen und gelangt so auch zügiger in die Blutbahn.